中国货币政策对股票市场价格波动的影响研究

王贺　张力公◎主编

吉林出版集团股份有限公司

全国百佳图书出版单位

图书在版编目（CIP）数据

中国货币政策对股票市场价格波动的影响研究 / 王贺, 张力公主编. -- 长春：吉林出版集团股份有限公司, 2024.3

ISBN 978-7-5731-3782-1

Ⅰ.①中… Ⅱ.①王… ②张… Ⅲ.①货币政策—影响—股票市场—价格波动—研究—中国 Ⅳ.①F822.0 ②F832.51

中国国家版本馆CIP数据核字(2023)第121212号

ZHONGGUO HUOBI ZHENGCE DUI GUPIAO SHICHANG JIAGE BODONG DE YINGXIANG YANJIU

中国货币政策对股票市场价格波动的影响研究

主　　编	王　贺　张力公	责任编辑	刘　洋	
出版策划	崔文辉	助理编辑	邓晓溪	
封面设计	雅硕图文			

出　　版　吉林出版集团股份有限公司
　　　　　（长春市福祉大路5788号，邮政编码：130118）
发　　行　吉林出版集团译文图书经营有限公司
　　　　　（http://shop34896900.taobao.com）
电　　话　总编办 0431-81629909　营销部 0431-81629880/81629881

印　　刷	长春市华远印务有限公司	开　　本	787mm×1092mm　1/16
印　　张	13	字　　数	233千
版　　次	2024年3月第1版	印　　次	2024年3月第1次印刷
书　　号	ISBN 978-7-5731-3782-1	定　　价	78.00元

印装错误请与承印厂联系　电话：13844807477

序

王贺、张力公同志主编的《中国货币政策对股票市场价格波动的影响研究》一书，立足我国国情，将中国政府治理结构特点和中国股票市场结构特征引入理论分析框架中，综合运用政治经济学、货币经济学和行为金融学领域的理论工具，在货币政策、股票市场价格波动与金融稳定之间架起一座理论的桥梁，拓展了货币政策对股票市场价格波动影响的认识，并提供了新的证据，有一定的研究价值。

当下的中国，正处在经济社会高质量推进发展的进程中，我们面对的是一个充满希望也充满挑战的时代。希望王贺和张力公同志在投身实业和继续进行产业研究的过程中，脚踏实地做事，怀揣希望前行，创造出更多的优秀成果！

2023年6月27日

前　言

　　货币政策对股票市场价格波动的影响是国内外学术界研究的经典选题之一，然而 2020 年以来，世界大变局给传统经济学理论的实践带来了严峻的挑战。当前国际局势风云变幻，逆全球化趋势凸显，贸易摩擦不断升级；财富分配两极分化严重，社会不稳定性提高，为全球经济稳定和宏观调控带来严峻的挑战，对宏观经济政策尤其是货币政策的有效性提出更高要求。全球金融一体化使中国资本市场同样面临剧烈的外部冲击。我国正经历百年未有之大变局，2020 年党中央提出了"构建以国内大循环为主体、国内国际双循环相互促进的新发展格局"这一发展战略，表明了我国经济发展模式开始发生历史性转变。在当前我国经济"双循环"新发展格局下，对于强化资本市场的价格发现功能要求越来越高。与此同时，股票市场价格的剧烈波动也蕴藏了金融风险，对我国金融稳定造成冲击。上述背景赋予了货币政策对股票市场价格波动的影响这一经典选题新的意义。在此背景下，研究中国情境下货币政策对股票市场价格波动的影响，以及货币政策应否、如何对股票市场价格波动做出反应，对于提高我国货币政策精准度、防范和化解金融风险以及促进我国经济健康平稳发展具有重要的理论与实践意义。

　　本书在已有研究的基础上，立足我国国情，将中国政府治理结构特征——金融分权，和中国股票市场结构特征——散户占比高、国有产权占比高，引入理论分析框架中。综合运用政治经济学、货币经济学和行为金融学领域的理论工具，对"中国情境下货币政策对股票市场价格波动的影响，货币政策应否、如何对股票市场价格波动做出反应"两个关键问题展开研究。本书第一章至第七章由作者王贺独立完成，第八章至第九章由作者张力公独立完成。

　　本书的主要发现有：首先，采用学术界广泛使用的广义货币供应量和银行间同业拆借利率作为货币政策工具的代理变量证实了我国货币政策与股票市场价格波动之间存在因果关系。样本期间我国货币政策主要通过利率渠道和货币供给（流动性）渠道对股票市场价格波动产生影响，央行具有通过数量型货币政策和价格型货币政策工具影响股票市场价格波动的能力。其次,引入中国政府治理结构特征的分析表明金融分权 I,即中央政府对地方政府的金融分权,在货币政策对股票市场价格波动影响中具有正向调节作用;金融分权 II,即地方政府对民营经济的分权,对股票市场价格波动的影响具有显著的产权异质性。另外,引入中国股票市场投资者结构特征的分析表明投资者情绪进一步放大了货币政策对股票市场价格波动的影响。最后,基于构建新发展格局对资本市场和金融稳定的现实需求,我国货币政策应当关注股票市场价格波动并在达到触发条件时对其做出反应。基于上述结论,本书提出:在中国情境下,优化货币政策调控框架,适当关注股票市场价格、建立并完善股票市场的宏观审慎管理体系、完善冲击金融稳定的监测预警系统、加强货币政策的预期引导等应对股票市场价格波动和对实体经济和金融稳定造成负面影响的建议。

本书将中国政府治理结构特征、中国股票市场结构特征引入分析框架中,在货币政策、股票市场价格波动与金融稳定之间架起一座理论的桥梁,拓展了货币政策对股票市场价格波动影响的认识,并提供了新的证据,因而具有一定的增量贡献:

第一,将中国政府治理结构特征——金融分权理论,引入货币政策对股票市场价格影响传导机制的宏观路径中,补充并完善了货币政策对股票市场价格影响传导机制的分析框架,本书捕捉了金融分权理论在货币政策对股票市场价格影响过程中的调节作用,这对完善维持金融稳定的货币政策调控框架提供了新的思路。

第二,将中国股票市场投资者结构特征——投资者情绪理论,引入传导机制的微观路径分析框架中,对微观路径的研究视角进行补充,揭示了投资者情绪在货币政策的股价传导中的"放大器"效应,这为货币政策应对股票市场价格波动的前瞻性预期引导策略提供了科学依据。

第三,将股票价格波动的产权异质性引入货币政策框架分析中,与股票市场融资者结构特征相结合,从微观视角为产权异质性在货币政策的股价传导中的"扰动扭曲"效应提供依据,为多层次、全方位的精准货币政策调控提供了新的思路。

由于作者水平有限,书中错误疏漏在所难免,欢迎读者对本书提出宝贵意见和建议,我们将不胜感激!

目　录

第1章 绪 论

1.1 货币政策对股价影响的研究背景

世界范围内金融一体化的发展趋势,给全球金融市场的风险防范与化解,以及资本市场的稳定带来了更加严峻的挑战。在应对股票市场价格的波动方面,回顾发达国家的经验可以发现,当面对股票市场价格的剧烈波动时,发达国家的货币当局并未选择放任市场波动,而是纷纷出手"救市"。从历史上看,1963年日本股市大跌,日本央行设立救市基金;1987年的道琼斯指数大跌,美联储宣布全力保障市场流动性并干预外汇市场维持美元币值稳定。非常时期的政策干预一直延续至今,2020年美联储推出7000亿量化宽松计划,加拿大央行、英国央行和挪威央行纷纷宣布降息并出台禁止做空股市的禁令,一系列干预措施后,各国股市跌幅均有不同程度收窄。在此背景下,货币政策、金融稳定和股票市场价格波动的选题受到国内外学术界的关注,中央银行的货币政策对资产价格波动的影响问题成为研究的热点与前沿。

当前世界政治局势风云变幻,贸易摩擦不断升级、国际战争多发、气候变化引起自然灾害频发,世界经济面临着极大的不确定性,为全球经济秩序恢复和世界各国的宏观调控带来严峻的挑战,中国正经历"百年未有之大变局",这对货币政策提出了更高的要求。改革开放以来,中国经济经历了40多年的快速增长,创造了中国经济奇迹。伴随中国市场化改革与经济崛起,中国股票市场发展迅速,截至2021年底,沪深两市上市公司共计4615家,两市总市值也从1990年的1048亿元增长到91.6万亿元,通过发行股票为企业募集资金从5亿元增长到1.47万亿元[①]。中国的股票市场价格暴涨暴跌波动特征明显,这也是新兴市场经济国家证券市场

---

① 数据来源:Wind 数据库公开数据。

所面临的共同问题,尤其是在中国股票市场投资者结构中散户占比相对高的特征下,股票市场价格波动可能因"羊群效应"而被放大。一方面,股票市场价格正常波动有助于提高市场活跃程度,促进其价格发现功能的实现;另一方面,股票市场价格的暴涨暴跌反而会降低资产配置效率,引起过度投资的潮涌或投资不足的恐慌,影响金融稳定。随着金融市场的深化改革和创新发展,资本市场对经济的拉动作用愈发增强,对金融稳定的影响也越来越大,货币政策的资产价格传导渠道越发受到重视。纵观 20 世纪末以来全球范围内的金融危机,有一个共同的特点:资产价格的剧烈波动,对实体经济造成严重影响,甚至波及全球经济。货币政策能否识别资产价格的"非常"波动,并做出积极的反应,对维持宏观经济稳定至关重要。因而,研究我国货币政策对股票市场价格的反应显得尤为重要。

我国央行越来越关注货币政策对股票市场的影响,中国人民银行于 2006 年就提出"大力发展资本市场是完善货币政策传导机制的重要方面"。2008 年金融危机爆发后,世界各国逐渐认识到微观审慎监管在防范和化解金融风险方面存在的缺陷,基于逆周期调控的宏观审慎监管成为各国金融改革的重点;我国的货币政策调控逐渐从单一目标向多目标转变,2015 年我国 A 股市场价格的剧烈波动,大量的杠杆资金脱实向虚进入股票市场,紧随其后的"熔断机制"实施引发的股票抛售,使得我国股票市场价格与金融稳定的关系备受关注;我国自 2016 年全面将差别准备金动态调整机制"升级"为宏观审慎评估体系;2017 年确立货币政策与宏观审慎"双支柱"调控框架,党的十九大以来,更是把"防范化解金融风险"列为三大攻坚战之一。

2020 年以来,百年变局加速演进,世界政治与经济格局全面重构,我国外向型经济的优势逐步减弱,外部环境更趋复杂、严峻和不确定,我国国内经济发展面临着消费需求收缩、供给冲击、预期转弱三重压力。党的十九届五中全会将"以国内大循环为主体、国内国际'双循环'相互促进的新发展格局"纳入"十四五"规划目标之中,这一重大的战略转变需要资本市场的积极配合。在向"双循环"新格局转变的过程中,金融的引领作用尤为重要,其中资本市场的作用更加突出。股票市场价格的剧烈波动也蕴藏了金融风险,对我国金融稳定造成冲击。这意味着防范化解与股票市场价格波动密切相关的金融风险成为货币当局、学术界共同关注的焦点,货币政策对股票市场价格波动的影响这一经典的选题被赋予了新的意义,在此背景下,构建一个基于中国情境的、微观与宏观相结合的、多学科融合的中国货币政策股票市场传导机制理论框架,研究中国情境下货币政策与股票市场价格波动的关系,货币政策应否、如何对股票市场价格波动做出反应,对于提高我国货币政策精准度、防范和化解金融风险以及促进我国经济健康平稳发展具有重要的理论与实践意义。

本书利用长时段历史数据,对理论分析的关键命题进行实证检验,并构建关注股票市场价格波动的货币政策反应函数,为中国货币政策实践提供新的经验依据,因而具有重要的现实意义。

1.2 货币政策对股价影响的研究方法

为了回答"中国情境下货币政策对股票市场价格波动的影响,货币政策应否、如何对股票市场价格波动做出反应"这两个关键问题,本书构建了以下研究内容:

第一,构建本书的理论分析框架。运用货币数量论、凯恩斯(Keynes)的货币理论、新古典货币理论和马克思的货币思想等理论工具,针对货币政策对股票市场价格波动的影响进行一般性理论分析;借鉴金融分权理论,并结合后凯恩斯货币供给内生理论,阐释中国政府治理结构特征对货币政策宏观传导路径的作用机制;使用投资者情绪理论和羊群效应理论,阐释中国股票市场投资者结构特征对货币政策微观传导路径的作用机制。在此基础上提出了四个命题,命题1:货币政策变动通过利率渠道、货币供给渠道、通胀渠道和产出渠道对股票市场价格产生影响。命题2:金融分权在货币政策对股票市场价格的影响中起调节作用。命题3:在金融分权过程中,存在针对国有企业的隐性担保或利率优惠,使得国有企业相对更易获取金融资源和资本支持;当针对国有企业的担保和利率优惠近乎不存在时,政府倾向于向市场分权。以上情形在货币政策不变的条件下,将表现出股价的产权异质性波动。命题4:货币政策在投资者情绪的作用下对股价波动产生影响。

第二,对货币政策影响股票市场价格波动的宏观路径进行实证检验。将中国政府治理结构特征——金融分权,引入传导机制的宏观路径分析框架中,通过分段回归、调节效应分析,检验命题1:货币政策变动对股票市场价格产生影响和命题2:金融分权在货币政策对股票市场价格的影响中起调节作用。以从宏观视角回答第一个研究问题,中国货币政策对股票市场价格波动存在显著影响吗?中国政府治理结构特征对二者的关系产生何种影响?

第三,对货币政策影响股票市场价格波动的微观路径进行实证检验。将中国股票市场投资者结构特征——投资者情绪理论,引入传导机制的微观路径分析框架中,选择银行间同业拆借利率和 M2 作为货币政策的代理变量,沪深 300 指数的对数增长率作为股票市场价格的代理变量,选取十个影响投资者情绪的指标进行主成分分析,构建投资者情绪的代理变量。建立结构向量自回归(SVAR)模型,证实了命题 4:货币政策在投资者情绪的作用下对股价波动产生影响。这一结论对于加强货币政策对股票市场价格的预期管理、提升货币政策对股票市场价格的反应精度具有重要意义。针对金融分权对股票市场的微观影响进行产权异质性分析,以阐释两种不同类型的金融分权作用机制的差别:金融分权Ⅰ对国有企业异质性波动影响更大;金融分权Ⅱ对民营企业的股价异质性波动影响大于对国有企业的股价异质性波动的影响。验证了命题 3:在金融分权过程中,存在针对国有企业的隐性担保或利率优惠,使得国有企业相对更易获取金融资源和资本支持;当针对国有企业的担保和利率优惠近乎不存在时,政府倾向于向市场分权。以上情形在货币政策不变的条件下,将表现出股价的产权异质性波动。

第四,构建关注股票市场价格波动的货币政策反应函数。前述部分的理论分析和实证分析证明了中国货币政策与股票市场价格波动之间存在因果关系,即货币当局具有通过货币政策影响股票市场价格波动的能力,并明确了其作用机理和影响渠道。本书进一步研究股价波动对货币政策的最终目标和金融稳定产生何种影响?货币政策是否以及如何对股票市场价格波动做出反应?通过实证研究进一步分析股票价格对宏观经济变量的影响时,发现股票价格的波动对于通货膨胀、产出具有显著影响,因此货币当局在制定货币政策时,若能考虑到股票价格的波动,尤其是对于价格波动背后承载的信息进行有效识别,将会更加有利于货币政策目标和金融稳定的实现。结合中国股票市场的具体特征,构建关注股票市场价格的货币政策反应函数,探索应当如何完善货币政策操作框架,以应对股票市场价格波动的影响。一方面,鉴于资产价格泡沫破灭的危机成本巨大,在超常规的信贷大幅增长、宏观杠杆率攀升的同时伴随资产价格快速上涨时,货币政策应该对资产价格的正向波动做出反应;另一方面,一旦资产价格短时暴跌,引起市场恐慌甚至具有金融危机迹象时,货币政策应该对资产价格的负向波动做出反应。

第五,基于理论与实证研究的发现以及对两个关键问题的回答,本书得到了:在优化货币政策调控框架中关注股票市场价格、完善股票市场的宏观审慎管理体系、完善冲击金融稳定的监测预警系统、加强货币政策的预期引导等应对股票市场价格波动对实体经济和金融稳定造成的负面影响的研究启示。

具体而言,本书的研究内容由七章组成,其逻辑关系、研究思路参见下图 1.1。

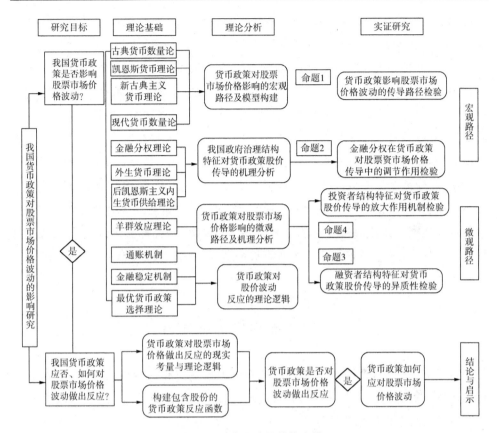

图 1.1 研究思路及结构安排

根据本书的研究目标、研究对象与研究内容,采用理论分析法与实证分析相结合、宏观分析与微观分析相结合、理论工具＋数理模型＋命题相结合的研究方法。

第一,理论分析法与实证分析相结合。在理论分析的基础上,逐一对理论模型进行实证检验,由浅入深地围绕核心研究问题展开研究。本书综合运用货币数量论、凯恩斯的货币思想、新古典货币理论和马克思的货币思想等理论工具,针对货币政策对股票市场价格波动影响的一般性理论分析、并运用 VAR 模型实证分析了货币政策通过货币供应(流动性)渠道和利率渠道对股票市场价格产生显著负影响;使用金融分权理论和后凯恩斯货币供给内生理论,论证中国政府治理结构特征对宏观传导路径的作用机制,并采用面板数据实证分析金融分权在货币政策对股票市场价格影响中的调节作用;使用投资者情绪理论和羊群效应理论,论证中国股票市场投资者结构特征对微观传导路径的作用机制,采用主成分分析法构建投资者情绪变量,实证分析了投资者情绪进一步放大了货币政策对股票市场价格波动的影响。将金融分权变量纳入实证分析框架,证实了金融分权对股票市场价格波动的影响具有显著的产权异质性特征。

第二,宏观分析与微观分析相结合。本书将中国政府治理结构特征——金融分权理论,引入传导机制的宏观路径分析框架中;将中国股票市场投资者结构特征——投资者情绪理论,引入传导机制的微观路径分析框架中,构建了一个基于中国情境的、微观与宏观相结合的、多学科融合的中国货币政策股票市场传导机制理论框架,在此基础上进行研究提升了研究的严谨性。

第三,理论工具+数理模型+命题相结合。理论工具部分主要阐释所采用的分析工具;数理模型部分主要展示作者的思维逻辑;命题则表明作者的理论观点。本书在理论工具和数理模型的基础上提出四个命题,实证部分围绕四个命题展开研究,在四个命题的论证中得出本书的基本结论,并得出研究启示,体现了研究的科学性。

1.3 重要概念界定

本书主要研究中国情境下货币政策对股票市场价格波动的影响,本节就本书使用的核心概念进行定义。本书的核心概念包括:货币政策、金融稳定、政府治理结构特征和股票市场结构特征。

(1)货币政策相关概念

货币政策相关概念包含货币政策、货币政策目标和货币政策工具。

货币政策是一国中央银行为了完成一定的政策目标而制定并实施的一系列政策措施的总称,其内涵在于运用总量调控、信贷控制等工具,对宏观经济的运行加以调整,以达到政策目标。

货币政策目标包括操作目标、中介目标和最终目标三个层次。货币政策工具有时需要借助一些中间环节起到传导作用,这些中间环节往往具有可测度性,能够被货币当局有效地控制,并且与货币政策的最终目标密切相关。其中货币政策的操作目标是指货币政策影响中介目标的节点,通常选用货币市场利率、基础货币和存款准备金作为操作目标;货币政策的中介目标是货币政策传导过程的中间变量,央行根据可控性和可测度性进行选取,通常选用利率、货币供给量作为中介目标,间接影响产出、就业等经济变量。货币政策的最终目标是货币政策传导机制的终点,一般是指经济增长、充分就业、物价稳定和国际收支平衡。当然在现实经济环境下,这四个目标同时达到的情况比较少。我国的货币政策目标也经历了多年的演变,在中国人民银行成立初期,我国的货币政策目标主要是发展经济,在 2003 年修订后的《中华人民共和国中国人民银行法》中,我国货币政策的目标演变为"保持货币币值的稳定,并以此促进经济增长",可见我国的货币政策也经历了由单一目标到多目标的转变。中国人民银行对于"稳定币值"的定义是稳定货币购买力,从保持币值稳定的目标可以看出我国央行被赋予了"维护金融稳定"的职能。随着我国股票市场的发展和逐渐呈现出的个人投资者占比较高的投资者结构特征,我国股票市场的系统性风险不断累积,股票市场价格的剧烈波动对金融稳定造成一定威胁,因此货币当局关注股票市场价格波动、优化货币政策调控是实现防范化解金融风险、维护金融稳定的现实需求。

货币政策工具包括价格型货币政策工具和数量型货币政策工具。从我国货币政策的实践来看,我国当前的货币政策工具主要有:公开市场业务、存款准备金、再贴现、中央银行贷款、利率政策、常备借贷便利、中期借贷便利、抵押补充贷款、定向中期借贷便利。结合我国实践与学术界已有研究的共识,本书的研究中选取了广义货币供应量(M2)和银行间同业拆借利率作为数量型货币政策和价格型货币政策的代理变量。

(2)金融稳定

对于"金融稳定"学术界尚无统一的定义,它指代一种状态:一个国家的金融体系不存在异常剧烈的波动,资金的中介功能得以实现,行业协调发展。在 2007 年中国人民银行发布的《中国金融稳定报告》中,将"金融稳定"的概念阐释为"金融体系处于能够有效执行关键功能的稳定状态"[①]。

(3)股票市场结构特征

个人投资者占比高、机构力量薄弱是中国股票市场投资者结构的主要特征。投资者交易行为是影响市场稳定性的直接因素。个人、机构、非金融企业、政府等不同类型的投资者构成了股票市场的微观主体,直接作用于股票的定价逻辑。不同类型的投资者交易特征各不相同,受到投资技能、专业能力的制约,个人投资者的投资分散性更低,在投资中的投机属性更强,更易受到投资者情绪的影响,对于投资者情绪的概念的界定,行为金融学的研究认为投资者情绪是对于未来股票价格波动趋势的主观倾向性判断,是投资者根据股票市场相关信息进行加工处理,所

---

① 中国人民银行,《中国金融稳定报告》[Z].2005.

形成的对未来股票市场价格的积极或消极看法。本书引入投资者情绪刻画中国股票市场投资者结构特征在货币政策对股票市场波动影响的微观路径中的作用。

本书的核心概念与研究主题之间的逻辑关系见图1.2所示。

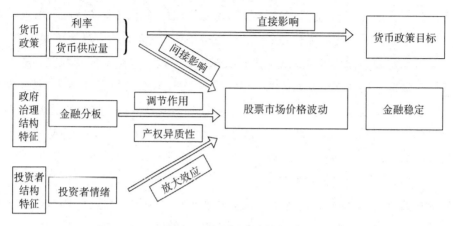

图 1.2　核心概念逻辑图

为了回答"中国情境下货币政策对股票市场价格波动的影响,货币政策应否、如何对股票市场价格波动作出反应",在货币政策对股票市场价格影响的宏观路径基础上,引入金融分权变量,证实中国政府治理结构特征的调节作用,并进一步论证在金融分权的过程中,不同产权性质的企业在货币政策的影响下,股价的波动是否存在产权异质效应。同时考虑到中国资本市场以个人投资者为主的投资者结构特征,引入投资者情绪这一微观路径进行比较分析,证实投资者情绪的放大效应。为了实现货币政策目标和维护金融稳定,货币当局在优化货币政策调控框架的过程中应当关注股票市场价格波动对金融稳定造成的影响,同时综合考虑中国政府治理结构特征和股票市场投资者结构特征在其中的调节、扰动、放大作用,以实现货币政策的优化,维护金融稳定。

1.4　主要创新

本书在货币政策对资产价格的影响方面已有研究的基础上,选择了股票市场价格这一市场要素的核心进行分析,在研究视角补充、研究路径精度提升、货币政策调控框架转型方面进一步探索,主要创新点如下:

第一,将中国政府治理结构特征——金融分权理论,引入货币政策对股票市场价格影响传导机制的宏观路径中,完善了货币政策对股票市场价格影响传导机制的分析框架。以往的研究很少关注中国政府治理结构特征在货币政策调控框架中的影响,多将研究重点放在对股票市场价格传导机制的验证上。中国式金融分权成就了中国经济增长的奇迹,在金融分权的过程中不可避免地形成金融资源隐性分配,进而带来了金融资源分配非均衡状态,对既定的货币政策调控效果造成一定的冲击。本书验证了金融分权在货币政策对股票市场价格影响过程中的调节作用,这对未来完善货币政策调控框架提供了新的思路。

第二,将中国股票市场投资者结构特征——投资者情绪理论,引入传导机制的微观路径分析框架中,对微观路径的研究视角进行补充。以往的研究多从货币政策对股票市场价格的影响和投资者情绪对于股票市场价格的影响两个方向展开,本书将货币政策、投资者情绪和股票市场价格三者置于同一模型中进行实证分析。这不仅从研究视角上完善了以往货币政策对股票价格影响的研究框架,更增加了研究的科学性。证实在包含投资者情绪的情况下,货币政策对股票市场价格的冲击更大且影响的持续时间更长,这一发现从微观路径上回答了本书的第一个关键问题:央行可以通过数量型货币政策和价格型货币政策工具影响股票市场。同时,源于中国散户占比高的投资者结构特征,需要考虑投资者情绪在其中的"放大器"效应。这为货币政策应对股票市场价格波动的前瞻性预期引导策略提供了科学依据。

第三,将股票价格波动的产权异质性引入货币政策框架分析中,为货币政策对股价影响的产权异质性研究提供了经验证据。本书实证分析表明,引入金融分权后,在货币政策不变的条件下表现出股价的产权异质性波动,这是由中国股票市场国有股权占比高的融资结构特征以及融资融券标的构成以国有股为主的特征引致的。这一发现从微观视角补充回答了本书的第一个关键研究问题:央行可以通过数量型货币政策和价格型货币政策工具影响股票市场。同时,源于中国国有产权占比高的融资者结构特征,需要考虑产权异质性在其中的"扰动扭曲"效应,从微观视角为货币政策应对股价波动提供了依据,为精准的货币调控提供了新的思路。

第 2 章　国内外研究综述

本书主要研究在中国情境下货币政策对股票市场价格波动的影响问题。具体而言,包含货币政策对股票市场价格波动影响的基本理论、中国政府治理结构特征对股票市场价格波动的影响、中国股票市场投资者结构特征对股票市场价格波动的影响,以及货币政策应如何对股票市场价格波动做出反应四个理论问题。基于本书的关键研究问题和构建理论框架的需要,本章主要回顾以下四个方面文献:一是货币政策对股票市场价格波动的影响研究;二是金融分权对股票市场价格波动的影响研究;三是投资者情绪对股票市场价格波动的影响研究;四是货币政策对股票价格市场价格波动的反应研究。在已有文献的基础上,提出本书研究的两个关键问题,为第三章搭建本书研究的理论框架奠定基础。

2.1　货币政策对股票市场价格波动的影响研究综述

研究货币政策对股票市场价格波动的影响,首先要梳理货币政策类型的相关研究成果。货币政策对股票市场价格的影响研究主要聚焦于三个方面:一是货币政策的中介目标——货币供应量和利率对股票市场价格的影响;二是从货币政策的资产价格传导机制入手研究货币政策对股票市场价格的影响;三是货币政策的预期引导对股票市场价格的影响。

2.1.1　货币政策类型

货币政策包括数量型调控和价格型调控两种类型,随着金融创新的不断演进,发达国家逐渐由数量型货币政策向价格型货币政策调控转型。莫汉蒂和特纳(2008),辛和田(2016)运用实证分析证实利率渠道对货币政策的传导作用逐渐增强,新兴市场经济体逐渐实现数量型货币政策向价格型货币政策的转变,与数量型货币政策工具相比,价格型货币政策影响更为显著。普里默斯和凯拉(2018)通过构建含有外生变量的限制向量自回归模型,对新兴市场国家数据进行分析,发现数量型货币政策对宏观经济变量的作用正在减弱。对于数量型货币政策向价格型货币政策转型的原因其实质是在经济结构不断调整、金融发展不断深化、金融创新大量涌现的背景下,货币创造渠道经历了阶段性变化,M2 指标有效性受到影响,很大程度上是信贷稳定增长、外汇储备下降、商业银行、影子银行业务快速扩张、互联网金融快速发展的结果(常和肖,2018)。近年来,国内学者已有相当数量的研究,从实证分析角度,力证我国已具备从数量型货币政策向价格型货币政策转型的条件,李成等(2019)、胡志九(2018)实证数量型货币政策短期调控效果优于价格型货币政策,随着利率市场化改革不断演进,价格型货币政策有效性在逐步提升,我国已具备向价格型货币政策转型的条件。张屹山等(2017)构建了最优货币政策反应函数,发现我国数量型货币政策呈现出过度关注经济增长而对通胀目标反应迟缓的特征,价格型货币政策工具更适用于控制通胀,对宏观经济的调控效果更突出(马鑫媛等,2016)。随着我国利率市场化进程的不断推进,价格型货币政策有效性持续提升,这为研究货币政策对股票市场价格影响时,货币政策代理变量的选取提供了方向。在研究中还需要充分考虑中国特色的经济环境、金融创新等因素对货币政策预期效果的冲击。

2.1.2　货币政策的资产价格传导机制

"资产价格"的范畴相对广泛,但学术界对于货币政策的资产价格传导机制研究大多集中于股票价格和房地产价格方面。资产价格变动对于投资和消费这两个实体经济变量的影响是通过托宾 Q 投资、企业与家庭的资产负债表和财富效应三个渠道传导实现(米什金,2001)。现有研究成果显示,在货币政策的资产价格传导渠道中,房地产市场的传导效果优于股票市场。卡莱恩(2011)分析表明,从长期来看,房地产财富和股票财富对家庭消费都有正向影响,房地产财富的弹性大于股票市场财富的弹性。所处经济周期的阶段不同资产价格对货币政策的反应存在差异。在经济繁荣期,资产价格对货币政策的变动能够做出迅速且显著的反应,而在经济萎缩期,货币政策的变动对资产价格影响并不显著(加利,2015)。

在股价对投资的影响方面:IMF 对主要工业国家股票价格与投资的关系进行

研究,发现这种相关关系在美国最为显著①。美国的股票市场发达,利用二级市场进行融资的比重占到总融资的四分之三以上,因而股票价格变动对投资影响较大。股价对消费的影响方面:费拉多(2000)研究了消费与股票价格和房地产价格的关系,结果显示,股票价格对消费的影响有一定的滞后性,而房地产价格对消费的影响是及时的。芬克(2004)以16个新兴市场为研究对象,证明股市财富效应虽小,但在统计上意义重大。在3年的时间里,平均而言,股票价格下跌(上涨)10%与个人消费下降(上涨)0.2%～0.4%相关。对财富效应的检验方面,席勒(2005)以财富效应作为理论基础,对十余个国家的数据进行实证分析,发现相对于股票价格,房地产价格的变动对消费的影响更加明显,因此房地产市场的财富效应发挥更明显。王(2011)基于2000年至2010年的季度数据,从国家视角研究了中国股市对居民消费的财富效应。实证分析表明我国股票市场存在财富效应,但现阶段财富效应较弱。而从长期来看,股票市场的财富效应是滞后的、长期的。通过与三个不同地区的比较可以看出,收入效应随着地区的发展而递减,财富效应随着地区的发展而递增。在房地产市场和股票市场的比较分析中,蔡(2012)研究表明,在股票价格高于住房价格的制度下,面对负面冲击时,股市波动更大,房地产市场则存在价格刚性。

货币政策的资产价格传导,尤其是股票市场价格的传导,往往囿于中国股票市场的规模,以及数据时间序列的长度限制,在实证结果上往往呈现出与货币政策的弱相关性,理论界将这个结论归因于股票市场规模小、流动性不足。货币政策对股票市场价格的传导渠道具有非单一性特征,从股票市场流动性角度来看,宽松的货币政策会使参与股票资产交易的资金量增加,提高股票资产投资需求,引起股票市场价格上涨,反之亦然。货币政策的股票价格传导的研究目前集中在对财富效应、对投资影响的实证检验,遵循货币政策－股票价格－实体经济的宏观传导路径进行实证检验。中国的股票市场结构与发达国家成熟的股票市场结构存在一定差异,以散户为主的投资者结构决定了投资者情绪在货币政策的股票价格传导中起到一定的作用,未来的研究中,考虑将投资者情绪纳入分析框架,以提升研究精度。

2.1.3 货币供应量对股票市场价格波动的影响

货币总量意义上的流动性变动带来的股票市场价格的波动,在数次金融危机

---

① EDISON H,SLOK T.IMF New Economy Stock Valuations and Investment in the 1990s[R].IMF Working Paper,2001,No.3022.

的现实中得到证实。袁志刚和解栋栋(2009)认为流动性可以从两个层面理解,一方面是指一般意义上的货币总量,另一方面指代资产的变现能力。一部分实证研究证实了货币供应量与股票市场价格间的相关性。马祖和阿拉巴迪(2009)探讨货币供应量与股票价格变动之间的关系。分析表明,股票价格对不同程度的货币供应冲击反应有效。西尼萨(2012)基于克罗地亚股票市场,通过实证检验发现,以市值衡量的公司规模、发行股票数量和货币供应量影响流动性比率。利用多元回归和相关矩阵证实了货币供应变量与股票市场价格之间具有显著的相关性。储成兵(2011)通过实证分析,验证货币政策与股票价格的关系,发现广义货币供应量与股票价格之间呈正相关关系,而货币供应量、存款准备金则与股票价格呈负相关关系。巴里(2014)研究股票市场对货币供应冲击的反应。发现负货币供应冲击不仅会导致同期回报率较低,而且预测未来 6 个月的回报率将为负。丁述军等(2018)运用 VAR 模型验证了货币政策对我国股票价格存在正向冲击,宽松的货币政策加速股票价格上涨。薛(2008)通过协整估计方法,考察了我国 M2/GDP、货币供应过剩指标与股票市场价格之间的长期关系。向量误差修正模型(VECM)结果显示,货币供应过剩、股票市场价格和家庭存款的增长率存在长期均衡关系,而结果表明短期货币供应过剩和股票市场价格之间存在因果关系。

　　货币政策对股票市场价格的影响与当时所处的经济周期态势(繁荣或萧条)有关,与股票市场的整体走势(熊市或牛市)也有一定关联。德特肯(2007)提供了自 20 世纪 70 年代以来 18 个经合组织(OECD)国家在经济繁荣、萧条期间货币供应冲击和股票市场价格关联的系统性证据,同时考虑了货币和信贷的内生性,证实货币供应冲击是繁荣时期股票市场价格的驱动因素。布鲁格曼(2007)从货币分析的角度出发,分析了当前的流动性状况(如货币、信贷和利率等指标)与股票市场价格走势之间的关系。分析结果表明,持续的货币供应过剩时期,伴随着强劲的经济活动,低利率、高信贷增长和低通胀,紧随其后的是股票市场价格暴涨。冯(2007)对我国股票市场价格的货币供应弹性进行了实证研究。结果表明,股票市场价格存在显著的货币供应补偿效应。程和任(2007)证实在整个市场处于流动性低水平时,股票价格总是下降,在市场下跌时,股票的流动性往往变差,其价格对货币供应变动越敏感。李尔和威廉(2010)在 2007~2009 年金融危机背景下,运用流动性锁定、投资组合转移和财富效应等概念,进一步解释了急剧的市场价格变化与货币供应量之间的关联。弗洛拉基斯(2014)建立了微观流动性、宏观流动性与股票价格之间的实证框架。证实在 1999 年至 2012 年期间,货币供应量冲击与股票投资组合的回报率之间存在很强的关联。平(2015)以中国 A 股上市公司为样本,研究货币政策对股价崩盘风险的影响。结果表明,股票流动性越低,股价崩盘风险越大,宽松的货币政策有助于增强股票流动性对股价崩盘风险的作用。通过对股票市场不同状态的进一步分析表明,在熊市条件下,股票流动性对股价崩盘风险的影响更强,宽松货币政策对这种关系的强化作用更加突出。以上研究在不同程度上证实了货币供应量对股票市场价格的冲击作用。

2.1.4 利率对股票市场价格波动的影响

关于利率对股票市场价格影响的研究得到的结论不尽相同,一部分研究证实了利率对股票市场价格的显著影响:蔡(2011)实证分析了美国联邦利率对股票价格的影响,结果显示利率对股票价格的影响是非对称的,股票价格能够对利率提高做出明显的反应。货币政策对于资产价格的影响程度还与经济发展所处阶段有着密不可分的关系。孙华好和马跃(2003)实证分析了股票价格与货币政策的关系,结果显示,与货币供应量相比,利率是影响股票价格更为显著的因素。袁堂洁(2019)采用货币供应量和利率作为货币政策的代理变量,考察货币政策与股票价格的关系。证实股票价格变量与货币政策变量之间存在协整关系,货币供应量对股票价格的冲击呈现波动特征,而利率对股价的冲击较为稳定。胡一博等(2019)运用非线性格兰杰因果关系检验,证实利率与货币供应量分别与股市流动性指标呈现非线性格兰杰因果关系,货币政策带来的股市流动性波动能够直接导致股价的暴涨暴跌。

与上文相对立的观点主要包括:盛朝晖(2006)利率对股票价格的影响并不显著,并认为利率的资产价格传导机制并不显著。有部分学者证实利率对股票市场价格的影响存在时滞性:孙巍(2010)采用实证分析法研究货币政策传导渠道,认为在货币政策传导的时效性上,其对于股票市场价格影响存在半年左右的时滞效应,所以股价波动并非货币政策框架制定中必须采纳的因素。张文君(2012)运用 SVAR 模型对我国货币政策的股票价格传导进行验证,结果显示利率对股票价格存在有时滞性的正向冲击。埃格特森(2019)研究证实当零利率甚至利率为负时,货币政策的利率传导渠道近乎失效,货币当局对资产价格的干预收效甚微。

对于货币供应量和利率对股票市场价格的影响的研究已十分丰富,得到的结论却截然不同,本书认为这是由于研究的时间跨度不同、所选数据处理方法不同、所处的经济周期差异、采用的理论和实证模型差异等诸多因素造成的结果。这也说明,针对同一研究对象和研究问题,研究方法和理论体系需要不断地完善,结合实际出发,这也为未来的研究提供了方向。

2.1.5　货币政策的预期引导对股票市场价格波动的影响

关于货币政策预期引导的研究,主要侧重于前瞻性指引的预期管理功能,包括信息发布的频率、渠道,信息发布后的市场反应。

库格勒(2005)运用包含四个变量的结构 VAR 模型分析了瑞士货币政策的前瞻性规则,研究结果表明,将货币政策披露重点放在 GDP 增长上时,可能会导致一种低效的政策,即在 GDP 数据修正的情况下,股价出现波动。埃贝尔(2011)用经验描述了在最近的金融危机之前和之后,股票市场价格和投资者的宏观经济预期对联邦公开市场委员会前瞻性指引的反应。研究结果表明,前瞻性指引能够达到影响股价的效果。斯文松(2015)研究了瑞典、新西兰和美国公布的政策利率路径,从结果上看,利率调整的预期对股价产生了一定的引导效果。麦凯(2016)认为各国央行越来越多地将前瞻性指引作为货币政策的核心工具。标准的货币模型意味着未来很长一段时间的前瞻性指引会对股票市场价格产生巨大的影响,而且这些影响会随着前瞻性指引的范围而扩大,前瞻性指引的力量是高度敏感的。肯和里克特(2017)利用新凯恩斯模型研究了前瞻性指引对股票市场价格波动的影响效应。前瞻性指引模型中包含了对货币政策规则的预期冲击。前瞻性指引对股票市场价格的刺激效果会随着经济恶化而减弱,因为下调预期政策利率的余地变小了;较长的前瞻指引期不会对产出产生越来越大的影响;在稳定状态下,意外冲击对股价的影响大于预期冲击。博内瓦(2018)研究显示当货币政策利率处于零利率界限时,基于阈值的前瞻指引对股价的影响近乎失效。

货币政策的预期引导对股票市场价格的影响研究为货币政策应对股票市场价格波动提供了丰富的决策依据,使用单一的货币政策工具应对股票市场波动在金融市场层出不穷的金融创新背景下显得力不从心,股票市场对预期引导的敏感度较其他市场更为灵敏,在货币政策对股票市场波动的反应研究中,应当提升对货币政策的预期引导的关注。

2.2　股票市场结构特征对货币政策及其
传导机制的影响研究综述

研究投资者情绪对股票市场价格波动的影响是以中国股票市场投资者结构特点为出发点,完善货币政策对股票市场价格影响研究之微观路径。尤其是我国股票市场参与者中个人投资者——散户占较大比重,对于股票市场行情不如专业机构投资者般有专业判断能力,而且投资决策容易受到主观情绪影响,投资者的认知偏差在股价波动中起到助推作用①,加之"羊群效应"的从众心理影响,从而间接地影响股票市场价格波动。该部分研究主要包括三个部分,一是投资者情绪指标的测度,二是投资者情绪在股票市场传导的羊群效应,三是投资者情绪对股票市场价格的影响。

2.2.1　投资者情绪指标的测度

对于投资者情绪的测度,早期的研究多采用问卷调查、访谈问答等方式,直接获取投资者对于市场走势的预期判断,其缺陷是覆盖的投资者人群不够广泛,代表性不足,如采用第三方财经网站中的"看涨看跌比"作为衡量投资者情绪的主要指标、基于股评分析投资者情绪指标②、市场流动性指标——换手率一度作为投资者情绪的主要测度指标,并证实了换手率与股价之间的相关性③。目前主流方法多参照贝克(2006)运用主成分分析法,构建了包含封闭式基金折价率、股票发行量等六个指标在内的投资者情绪代理变量。此后学术界多沿用此方法测度投资者情绪,指标的选取尚未形成一致性共识。陈奕名(2018)以投资者信心指数为基础,构建投资者情绪指标,实证结果显示,投资者情绪指标是创业板指数的格兰杰原因。尹海员和吴兴颖(2019)构建了上证综合指数高频情感指标。赵汝为等(2019)采用主成分分析法构建了投资者情绪度量指标,实证研究显示投资者情绪会增加股市价格暴跌的风险。王德青等(2021)基于上证综指和深证成指对选取的六个情绪变量进行函数化处理,测度投资者情绪在各交易时段的波动。

　　①　毕建欣,雷连海,彭勃.基于扩展的 DSSW 模型的资产价格泡沫生成演化建模及仿真研究[J].预测,2019,38(2):83-89.

　　②　部慧,解峥,李佳鸿,等.基于股评的投资者情绪对股票市场的影响[J].管理科学学报,2018,21(4):16.

　　③　BAKER M,WURGLER J.Investor Sentiment and the Cross-Section of Stock Returns[J].The Jornal of Finance,2006,61(4):1645-1680.

2.2.2　投资者情绪在股票市场传导的羊群效应

羊群效应也称"从众心理",是指人们的行为不是根据已掌握的信息进行决策,而是通过外部舆论、其他渠道信息,盲从他人的决策。羊群效应从本质上看是信息传递的过程,信息包括理性信息和非理性信息,投资者情绪对股票市场价格的影响主要是通过羊群效应传导的。孙培源(2002)、董志勇(2007)采用中国 A 股市场数据进行实证检验,证实我国 A 股市场存在羊群效应。羊群效应的明显与否与股市所处的阶段有一定关系,当股市处于价格暴涨暴跌的剧烈波动时期,羊群效应更为明显(柴正猛等,2018)。张一锋等(2020)构建了羊群效应测度指数,采用我国上证综合指数数据,运用广义自回归条件异方差混频数据模型实证检验羊群效应对我国股市波动率有显著影响。

2.2.3　投资者情绪对股票市场价格的影响

在货币政策的股票市场价格传导效应的研究中,一部分学者将引导预期形成的投资者情绪纳入分析框架:德邦特和泰勒(2000)发现投资者对未预期到的意外事件的过度反应会引发市场波动。贝克(2006)通过衡量投资者情绪,分析显示情绪波动对单个公司以及整个股票市场价格具有显著的影响。王美今(2004)采用 DSSW 模型分析了投资者情绪对股票市场价格的影响,结果显示投资者情绪与股票市场价格呈现正相关关系。胡鸿宇(2017)实证分析证实投资者情绪与股票市场价格之间存在正相关关系,且投资者情绪能够预期到短期内的股价变动。杨晓兰等(2016)通过股吧评论测算个股投资者情绪,再将个股投资者情绪合称为市场投资者情绪。宋顺林和王彦超(2016)认为投资者情绪对股价的影响是通过投资者的投机行为实现的,当股价处于高位时,投资者情绪驱使下的投机行为更可能造成崩盘。陈其安和雷小燕(2017)认为投资者情绪与股票市场价格的波动呈正相关,也就是说投资者情绪会弱化货币政策对股市的调控效果。陆静和周媛(2018)研究认为,投资者情绪作为一种非理性因素,对股票价格的影响反映了其对于资产定价的影响,也就是说当投资者情绪高涨时,股票价格上涨,反之亦然。刘晓秋和肖杨清(2018)从行为金融学的角度分析投资者情绪对货币政策效果的影响,证实投资者情绪会使货币政策对产出和价格水平的影响更加强化。康海斌和王正军(2019)运用 SVAR 模型探讨了投资者情绪与股价波动的关系,得出投资者情绪对股价波动有影响且这种影响有一定的时滞性。周方召和贾少卿(2019)证实投资者情绪在宏观经济政策对股票市场整体波动的影响中起中介作用。米雪成(2020)发现货币政策对股票市场价格和投资者情绪都产生显著的影响,这种影响随着时间变化而程度减弱,这从侧面说明投资者情绪在短期内受货币政策影响明显,通过货币政策引导投资者预期的中长期调控机制尚待完善。何诚颖等(2021)通过非主力资金买卖不平衡指标来捕捉个人投资者的资金流向用以度量投资者情绪,发现投资者情绪与股票市场价格呈现负相关关系。张博等(2021)刻画了投资者情绪波动与股票市场波动间的关系,证实了投资者情绪对市场波动的正向强化反馈作用。谢世清和唐思勖(2021)运用结构向量自回归模型检验宏观经济波动和投资者情绪对股市波动的影响,证实投资者情绪对股市波动的方差贡献率大于宏观经济变量。姜富伟等(2021)采用文本分析技术实证分析央行货币政策执行报告的文本情绪对股市价格波动的影响,结果显示文本情绪中包含货币政策指引的部分能引起股票市场价格的显著波动。

现有研究已经充分关注到投资者情绪对股票市场价格波动的影响,理论和实证部分的研究大多集中在投资者情绪影响股价的作用机理,以及投资者情绪与股价的相关性。投资者情绪更多反应的是投资者的心理预期,本章第一节已明确货币政策预期引导的重要性,在未来的研究中,将投资者情绪加入货币政策对股价波动影响的分析中,是提升货币政策反应精度的重要研究方向。

2.3　货币政策应对股票市场价格波动的反应研究综述

对于货币政策如何应对股票市场价格的波动有着正反两种观点:一种观点认为,基于股票市场价格波动对实体经济和金融稳定的影响,从货币政策对股票价格影响的实证结论入手,提出货币政策应当对股票市场价格的变动做出响应;另一种观点认为,以市场价格泡沫难以识别、造成股票市场价格波动的原因是否为投机因素引起难以判断为由判定不应对股票市场价格的波动做出响应。国内学者则普遍认为应当将股票市场价格波动纳入货币政策考量,主要聚焦于应"关注"还是"盯住"股票市场价格。

2.3.1　货币政策响应研究的理论分歧

(1)支持货币政策对股票市场价格波动响应的研究

关于货币政策应当对股票价格波动做出响应的研究:切凯蒂(2000)认为对于股票价格波动的货币政策处理应分清情形,资产泡沫引起的价格上涨和收入增加现象要施以不同的货币政策进行调控。伯南克(2001)认为货币政策当局在制定货币政策时盯住通货膨胀指标以维持物价稳定,只盯住通胀指标远远不够,应当把市场价格考虑在内,有助于宏观调控目标的实现。里戈邦和萨克(2001)考察了美联储对股市的反应程度。利用基于股票市场收益异方差的识别技术来识别货币政策对股票市场的反应。结果表明,货币政策对股市波动的反应非常明显,标准普尔500 指数上涨(下跌)5%,将加息(降息)25 个基点的可能性提高了约一半。这种反应的程度,相当于对股市走势对总需求影响的估计。因此,美联储似乎只有在股价变动对宏观经济产生影响的情况下才会系统地对其做出反应。布莱恩(2002)认为货币政策应当将市场价格纳入普遍存在的价格指数体系中。巴都(2002)提出货币政策应通过利率这一中介目标对市场价格进行调节。吉尔克里斯和萨伊托(2006)运用实际经济周期模型进行一般均衡分析,认为货币当局应当关注到市场价格泡沫。克里斯蒂亚诺(2011)认为在股市繁荣时期,通货膨胀率较低,因此过度地关注通货膨胀的利率规则会破坏资产市场和整体经济的稳定。对利率规则的调整可以消除这种不稳定性。例如,允许信贷增长发挥独立作用(超出其在构建通胀预测方面的作用),将降低产出和市场价格的波动性。鲁比尼(2006)则认为一旦资产价格泡沫破裂,将对实体经济的运行造成极大影响,因而货币政策有必要将资产价格纳入其中。加加万(2011)运用向量自回归(VAR)模型结果显示,资产价格渠道在影响价格水平方面发挥了重要作用,从而有助于货币冲击的传播。国内学者对此也展开了丰富的研究,结论方向是一致的:对于资产价格对中国实体经济的影响充分肯定,大量的实证结果佐证央行在进行货币政策操作中应当考虑资产价格的影响。罗雁(2018)运用 IS-Philips 模型进行实证分析,结果显示,将资产价格纳入货币政策框架的货币政策操作会显著降低产出和通胀率的波动,而不纳入资产价格的货币政策操作会面临产出和通胀率的波动。舒长江和胡援成(2017)分析了宏观流动性、资产价格波动与实体经济间的关系,宏观流动性、资产价格、实体经济之间的关系。结果表明,资产价格对产出有明显的挤出效应,因此货币政策在对准产出稳定的同时应该同时注重资产价格的稳定。邓创(2015)认为货币政策对于资产价格的调控是成效显著的。比较"价格型"货币政策和"数量型"货币政策对资产价格的作用效果发现:近年来"价格型"货币政策的逆周期调控效果弱于"数量型"货币政策,货币供给调整对资产价格的影响格外明显。耶伦(2005)认为货币当局如果不对市场价格泡沫采取行动,那么市场价格泡沫破裂后会对金融稳定和经济发展带来冲击,或者货币政策过于滞后,那么政策效果将难以达到预期。

(2)反对货币政策对股票市场价格波动响应的研究

货币政策尚未将股票价格的变动作为调控目标,货币政策的目标是充分就业和物价稳定,股票价格的波动通过金融市场充足稳定的流动性就能得以平抑,但是资产价格泡沫的甄别在实践中难度很大,因此货币政策盯住股票市场价格是难度很大的。达勒姆(2003)认为货币政策会对股市月度或季度表现产生影响,货币政策与股票回报率之间的关系是微弱的,并且宽松或紧缩周期与股市回报率之间没有相关性。博里奥(2005)认为货币政策传导机制最终的结果之一就是资产价格的稳定,因而货币政策不需盯住资产价格。科恩(2006)认为资产价格无须纳入货币政策框架的主要原因是对于资产价格泡沫的识别难度很大。李亮(2010)实证分析显示货币政策对资产价格和宏观经济变量均有不同程度的影响,结果显示货币政策在稳定资产价格的同时会削弱对经济增长的作用。周双艳(2018)通过实证分析得到结论:货币政策通过利率影响资产价格达到最终目标的路径并不畅通,这与我国利率传导机制不完善,且利率与资产价格的关系具有较强的时变性有关。货币供应量与股票市场具有稳定的正向关系,信贷与房地产资产价格呈现正相关关系。来艳峰(2018)运用 TVP-VAR 模型分析,货币政策的运用中,由于我国利率机制不完善,利率与资产价格的关系呈现出时变性与不稳定性特征,货币供应量的结构对于股票价格、信贷与房地产资产价格皆呈现正相关关系。查尔斯(2004)认为对于造成股票市场价格波动的原因,货币当局很难判断是由经济基本面引起的还是投机行为引起的,而且货币政策强度不够时是无法抑制股票市场价格上涨的。

国内学术界对于货币政策与股票价格间的关系,主要的分歧集中在货币政策应当"关注"还是"盯住"股票价格,也就是说货币政策应当严格对股票价格波动做出反应,还是根据股票价格波动所传递出的信息,酌情判断可能对实体经济造成的影响,再做出政策调整。瞿强(2001)研究了货币政策的资产价格传导机制,并通过分析央行的货币政策实际操作过程中,对于股票市场价格波动的应对,认为我国目前的货币政策操作可以将股票市场价格作为间接的参考目标而非直接调控。易纲和王召(2002)提出央行在制定货币政策时应当充分考虑股票市场价格的波动,但不能把刺激股票价格作为拉动需求、刺激经济的手段。郭田勇(2006)实证分析了货币政策与通胀、实体经济的关系,以及实体经济如何受到股票市场价格影响,证实了将市场价格作为货币政策调控目标困难重重,而密切关注股票市场价格是可行的。段进等(2007)通过实证分析得出结论:我国的货币政策尚不具备调控股票价格的能力,与此同时,货币当局可以选择使用货币政策工具来影响股票市场价格,在货币政策框架中密切关注股票价格的波动。连平等(2009)实证分析了我国股票市场价格波动对货币政策的影响及其作用机制,考察了股票市场价格、货币政策与通货膨胀的关系,最后认为股票市场价格不适合作为货币政策的直接目标,货币政策应可以前瞻性地关注股票市场价格变动。张斌(2020)提出当通胀目标未达到警戒线,但信贷扩张和杠杆率提升使得资产价格持续上涨时,货币当局应当采用货币政策或宏观审慎政策应对;当通胀目标未达警戒线,资产价格上涨由非信贷扩张和杠杆因素引起时,货币当局应当采用宏观审慎政策和金融监管予以干预。

2.3.2　股票市场价格波动与货币政策目标

在股票市场价格的波动与金融稳定的关系方面,博吉(2009)研究结果显示实际长期利率、总投资、实际信贷和实际股票价格高度相关。从这个角度出发,将宏观审慎监管的范围明确界定为货币和金融稳定目标。巴斯(2013)分析了股价对金融稳定的影响。结果表明,股价的影响在不同的细分市场可能存在很大差异。延斯(2014)认为把金融和价格稳定都交给央行处理,可能会产生不对称的问题。纳西尔(2015)基于1985年(第一季度)至2008年(第二季度)英国的数据,通过构建包括脉冲响应函数分析在内的向量误差修正模型,对金融稳定的六大支柱进行了实证研究。研究结果表明,金融稳定和股市之间也存在很强的关联。汉森和詹姆斯(2018)认为股票市场价格对物价和金融稳定之间的影响是同时存在的。

部分研究基于货币政策的物价稳定目标研究是否应当关注股票市场价格,董(2020)指出在通货膨胀目标制的货币政策框架内,资产价格与宏观经济变量呈现正相关关系,此时货币政策应对资产价格波动的一系列举措对整个社会的福利改善收效甚微。关于股票市场价格与通货膨胀关系的研究大体上可以总结为两个方向:一个方向是股票市场价格波动对通货膨胀指标有何影响,另外一个方向则是股票市场价格的变动是否应当纳入通货膨胀体系内,也就引出了货币政策是否应当关注股票市场价格的问题。肯特和罗威(1997)建立了股票市场价格影响的非对称模型,分析指出市场价格会对通货膨胀产生影响,即股票市场价格的上涨会引起一般商品和服务价格水平的上涨。霍夫曼(2001)研究发现以 CPI 为代表的通货膨胀指数会受到股票价格的影响。郑鸣和倪玉娟(2009)运用 VAR 模型实证分析,发现股票市场价格对于通货膨胀指标有显著影响,这种影响通过托宾 Q 实现。货币政策的变动最先影响股票市场价格,股票市场价格上涨后又引起通货膨胀,这种先后顺序的猜测是比较早期的推断[①]。古德哈特和霍夫曼(2001)构建了一个包括货币政策中介目标、股票市场价格和物价指数在内的指标,发现这个指标确实对未来的通货膨胀有预测作用。施瓦兹(2003)认为股票市场价格变动对通胀的影响可以忽略。高(2009)利用1998年至2008年的月度数据,基于VAR模型对我国股票市场价格与通货膨胀率之间的关系进行实证研究。研究结果表明,股票价格与通货膨胀密切相关,因此在央行制定货币政策时,股票价格可以作为参考指标。赵(2010)通过格兰杰因果关系检验、VAR模型,发现一个固有的股票市场价格和通货膨胀之间的相关性,以及股票市场价格的正脉冲增长对通货膨胀后产生积极的影响。孙丽和胡爱萍(2011)设定了包含股票价格、物价水平在内的通货膨胀指标,证实了加入股票市场价格的通货膨胀指标对未来经济预测性更强。

已有的研究显示,货币政策通过宏观和微观路径引起股票市场价格波动,股票市场价格的过度波动形成资产价格泡沫,进而对货币政策的物价稳定、金融稳定目标形成冲击。既有研究中,股价波动对货币政策目标的影响多为短期影响研究,货币政策对股价波动的反应也并未将"金融稳定"作为主要关注点。随着中国金融顺周期特点逐渐显现出来,未来的研究中,以维护金融稳定为出发点,完善货币政策应对股票市场价格波动的长效机制需进一步推进。

2.3.3　股票市场价格波动与金融稳定

央行以物价稳定作为货币政策实施的最终目标,同时维护金融稳定是《中华人民共和国中国人民银行法》赋予央行的职能[②],但在货币政策实际执行过程中,物价稳定目标和金融稳定目标却时有冲突,相关研究认为二者的冲突是短期的,长期中二者是不矛盾的。

资本市场的系统性风险是不断累积并缓慢释放的,外部冲击会导致以往各期累积的风险爆发并迅速扩散[③]。戈茨(2009)在动态宏观经济模型中将银行业务与股票市场价格联系起来,以提供股票市场价格波动造成金融不稳定的证据,证实股票市场价格下跌引发金融不稳定的事实。特里谢(2009)探究了货币政策与股票市

---

①　CAMPBELL J R,EVANS C L,JONAS D M.Macroeconomic Effects of Federal Reserve Forward Guidance[J].Brookings Papers on Economic Activity,2012(1):1-54.

②　第八届全国人民代表大会常务委员会.中华人民共和国中国人民银行法[Z].2003-12-27.

③　宋玉臣,李洋.突发事件与资本市场系统性风险:制度解释与实证证据[J].上海经济研究,2021(4):100-113.

场价格和金融稳定的关系,认为货币政策应充分考虑股票市场价格的传导作用,并将金融稳定一并纳入货币政策框架。菲利浦和大卫(2010)认为追求价格稳定对金融稳定有重要作用,而这些影响源于货币和信贷增长在将货币政策的影响传导到通胀和资产市场机制中的作用。它表明,广义货币总量(M2)的增长率是一个有效的通胀预测指标。广义货币总量(M2)通过银行体系的资产负债表与银行信贷增长密切相关。迪和罗通迪(2011)研究了央行追求货币政策和金融稳定目标所使用的操作反应函数。考虑了银行风险管理实践对货币政策的影响,并通过模拟央行对金融稳定的要求,推导出利率规则。斯坦(2012)开发了一个模型,说明了货币政策实现金融稳定目标的方法,解释了货币政策如何影响银行贷款和实际活动。格洛克和托宾(2012)认为存款准备金率是实现物价稳定或金融稳定的有效政策工具。只有在制定金融稳定目标的情况下,存款准备金率才能够带来实质性的改善,验证了货币政策对维护物价稳定和金融稳定的有效性。艾德里安和信(2014)基于市场中的金融中介机构的资产负债表为货币政策通过股票市场价格传导提供了一个窗口。短期利率的资产负债表传导渠道作用显著。资产负债表增长越快,利率就越低;资产负债表增长越慢,利率就越高,货币政策与金融稳定政策是紧密相连的。刘晓欣等(2017)构建了包含货币供给、股票价格及金融稳定性的 SVAR 模型,实证分析货币供给变动对股票价格和金融稳定的影响,证实货币供给的增加会通过股票市场间接使金融稳定性下降,即货币政策引起的股票市场价格波动会危及金融稳定。

可见金融稳定与物价稳定目标长期来看是并不冲突的,传统的货币政策以物价稳定为调控目标,随着金融市场不断成熟且日趋复杂,单一调控通货膨胀来维持物价稳定的目标很难实现,需要金融市场加以配合。央行维护金融稳定的职能,在金融市场风险突出时,尤其是金融危机出现前后都显得尤为重要,近几次全球金融危机的爆发,也对各国货币当局提出了新的挑战,在维持物价水平稳定的基础上,兼顾金融稳定势在必行。

2.3.4　基于金融稳定的货币政策调控研究

国内外学者对于完善货币政策的研究,关注的重点主要是宏观审慎政策与货币政策协调使用的可能性及"双支柱"运行的政策效果,宏观审慎政策在维护金融稳定方面对单独使用货币政策的补充作用,以及两种政策配合使用的政策主体安排。

　　博(2011)分析了货币政策与宏观审慎政策之间的相互作用,以及二者需要协调执行的情况。结果显示宏观审慎政策在大多数情况下对金融的影响是有限的,严格以价格稳定为中心的独立货币政策与以信贷增长为依托的独立宏观审慎政策相结合,是实现物价稳定的最佳结果。如果货币政策考虑到宏观审慎政策所产生的任何宏观经济影响,则货币政策和宏观审慎政策在目标方面是分开的,央行对宏观审慎政策的了解越充分,就越有可能维持价格稳定。卢比奥(2014)分析了宏观审慎和货币政策对商业周期、福利和金融稳定的影响。通过动态随机一般均衡(DSGE)模型应对信贷增长的贷款价值比(LTV)的宏观审慎规则,当货币政策和宏观审慎政策协调时,两个策略的共同作用提高了经济系统的稳定性。古德哈特和露西(2015)认为宏观审慎政策的目标是监测和控制金融部门的总体风险。斯文松(2018)简要比较了加拿大、瑞典和英国的制度框架,讨论了如何区分货币政策和宏观审慎政策,如何确定这两种政策的适当目标,这两种政策最好是单独执行或由不同的当局协调执行。费列罗(2018)提出了宏观审慎政策与货币政策应如何协调的问题,表明积极的宏观审慎政策可以起到增强风险分担的作用。对股价暴涨和随后的调整的模拟表明,宏观审慎工具可以减轻债务达到去杠杆化效果。谢尔盖耶夫(2016)认为货币政策是由单一的中央银行执行,宏观审慎政策是通过存款准备金率的选择在国家层面制定的。其次,应发挥各国宏观审慎政策的全球协调作用,这些结果为实现金融稳定目标的协调宏观审慎政策提供了依据。李斌等(2019)提出央行的货币政策目标要实现由物价稳定到"物价与金融稳定"双目标的转变,要求货币政策与宏观审慎政策"双支柱"的政策框架配合。周俊杰和易宪容(2019)认为在经济运行的不同时期,宏观审慎政策对于货币政策的执行都有补充的效果,对于货币政策的挤出效应有所抑制。

　　部分学者的研究从货币政策的最终目标出发,提出将股票市场价格纳入一般物价水平体系内,将股票市场置于货币政策调控范围内。比较早期的关于股票市场价格对物价水平的预测性的结论是弗舍尔(1911)得出的,他通过对货币政策传导机制的分析发现,当货币政策调整时,首先产生反应的是股票市场价格,而后才是一般物价水平。涩谷(2014)认为单一的产品价格通货膨胀指标并不能代表物价水平,于是构建了包含股票市场价格通胀水平在内的指标,证实新的指标对宏观经济变量预测性更佳。雷(2001)借助向量自回归模型,分析了股票价格变动对于价格水平和产出的冲击,结果发现股票价格的变动能够显著解释物价水平的变动。托马斯(2008)构建了一个预测通胀的模型,发现当把股票市场价格加入模型时,可以增强预测能力。博帕尔和西蒂坎塔(2012)运用印度的数据,说明直接使用利率工具来稳定股票市场价格的货币政策收效甚微。虽然货币政策的股票市场价格传导渠道在经验估计中清晰可见,但没有证据表明货币政策可以直接对股票市场价格的变化做出反应。王虎等(2008)实证分析了股票价格对中国物价水平的影响,发现股票价格变动能同时引发 CPI 和 PPI 变动,从而说明股票价格的变动隐含了物价变动的趋势,货币政策可以将股票市场价格作为参考物价水平变动趋势的参照。张建波等(2011)构建了包含股票价格在内的金融条件指数(FCI),检验其对未来通货膨胀率(CPI)的预测效果,实证研究表明股票市场价格对通货膨胀率是有一定影响的。赵海华(2013)运用分段检验法判定货币政策、股票市场价格与通货膨胀的关系,结果显示股票市场扩容后,股票价格的变动与通货膨胀指标存在长期稳定关联。王宇伟等(2018)采用 TVP-VAR-SV 模型实证分析了股票收益率与通胀预期的关系,结果显示股票收益率提高将调高通货膨胀预期。于扬等(2018)实证分析了股票价格对通胀的预测作用,结果显示股票价格对通货膨胀有正向冲击作用且结果显著,预测精度较高。李雅静(2019)构建了股票市场价格综合指数,采用 ARDL 模型分析股票市场价格综合指数对通货膨胀的影响,证实预测性是真实存在的。王玉宝等(2005)建立了向量自回归模型,构建包含股价、房价、利率、汇率在内的 FCI 指数进行实证检验发现:FCI 与通货膨胀指标 CPI 之间存在很高的相关性,格兰杰因果关系检验结果显示,FCI 是 CPI 的原因,说明了资产价格的通胀信息传递作用。戴国强等(2009)运用误差修正模型构建了包含资产价格在内的我国的 FCI 指数,运用其对我国通货膨胀进行预测,发现包含资产价格 FCI 指数能够在当资产价格剧烈波动时,对通货膨胀做出及时、准确的预测。并提出央行在制定和实施货币政策时需要考虑资产价格对货币政策的影响。高洁超等(2011)构建了包含利率、汇率、房价、股价以及货币供应量的 FCI 指数,并对前瞻性泰勒规则进行估计。研究发现,新构建的 FCI 指数能够较准确地预测未来通胀变化。丁华等(2018)运用动态模型平均方法(DMA),构建了含有时变系数的我国金融状况指数(FCI)。结果显示 FCI 与通胀具有高度相关性,具有比通胀指标更强的预测性,且预测效果稳健。高盛公司曾在 2005 年选取货币供给量、名义利率、汇率指标构建过中国的金融状况指数(CFCI)。结合中国股票市场的实际情况,在 FCI 指数的基础上加以拓展,将影响中国股票市场价格变动的因素纳入其中,在货币政策制定框架中,加入对 FCI 指数的考量,便于货币政策识别并应对股票市场价格的波动。

　　关于货币政策应该如何对股票市场价格波动做出反应的问题,股票市场价格的波动背后往往隐藏着更大的系统性风险,股票市场价格急剧波动伴随着金融危机频发的背景下,学术界开始关注金融稳定的目标,研究不同类型的货币政策对股票市场价格的调控效果,一方面为货币政策调控资产价格提供经验参考,另一方面,对进一步构建兼顾物价与金融稳定的货币政策调控框架,提供了充分的依据。既有研究已经关注到货币政策出于实现政策目标和维护金融稳定的目的,应当对股票市场价格的波动做出反应,现有的研究是在传统货币政策和宏观审慎政策双支柱框架下的宏观调控,前文回顾了中国特色政府治理结构——金融分权以及中国股票市场投资者结构对股票市场产生的影响,为了完善宏观调控体系,更加精准地应对股票市场价格波动,针对中国特殊情境得出政策启示是本书的核心目标之一。

2.3.5　基于马克思劳动价值论视角的研究

杨继瑞(2001)认为知识技术在价值形成的过程中具有双重功能,即"在知识经济初见端倪的生产过程中,大量内化在活劳动中的知识技术,以活劳动的抽象支出形式不仅能够创造价值,而且能够创造比过去更多的价值,而大量内化在生产资料中的知识技术不能创造价值,只能在有效转移价值的过程中吸收活劳动所创造的新价值,激发并扩张、放大活劳动创造价值的效能。"吴易风(2001)认为在商品生产中,新知识、新技术在进入劳动过程中的同时可使劳动生产率不断提高,但并不进入价值形成过程和价值增值过程,因而并不创造价值,而且无论科学技术怎样发展,没有人的劳动都不可能生产出新价值来。所以,不是新知识、新技术在创造价值,而是掌握和运用新知识、新技术的劳动者在创造价值。

沈利平(2001)认为先进的技术以及作为先进技术体现的先进设备,是人类活劳动的结果,具体表现为物化劳动而不是人类活劳动本身。劳动,只有人类的活劳动才能创造价值,物化劳动,无论它以何种形式存在,都不能创造价值。谷书堂(2002)认为劳动生产率的提高会增加使用价值数量,但单位商品价值量反而会减少,若按照马克思原意,劳动资源丰富的国家国内生产总值应当增长最快,显然这与现实情况不符,存在矛盾。解决这种矛盾的办法之一就是扩大创造价值的劳动内涵,纳入科技劳动和管理劳动。刘诗白(2001)提出"科技创新劳动创造价值"的观点,认为这种劳动是以拥有科学知识高积累和高创造能力的科学技术人才进行的一种高度社会化的劳动,因此能够比一般复杂劳动创造出更多的价值。赵振华(2003)认为科学劳动既包括对科学的发现、发明、创造、发展和学习继承过程的劳动,也包括由科学转化为技术,由技术应用到生产实践过程的劳动,都应归于当前创造价值的领域中。魏埙(2001)认为随着社会生产力发展,脑力劳动者、科技工作者、管理者、商业店员和演员等的劳动都是创造价值的生产劳动。

在财政教育投入方面,巴罗(1991)运用比较分析法得出人均 GDP 增长的重要原因在于不断增加教育投资的结论。国内的研究对于财政教育投入和经济增长之间是否存在因果关系尚无定论,一些实证分析的结论支持财政教育投入与经济增长之间存在因果关系:周英章、孙崎岖(2002)、覃思乾(2006)通过计量经济学中的模型得出我国教育投入与经济增长间互为格兰杰因果关系且存在长期协整关系。邓媛、李瑞光(2009),李兴江、高亚存(2012),牛晓耕、曹楠楠、白仲夏(2014)运用省级数据,考察教育投入对经济发展的影响,结果显示财政教育投入与经济增长互为因果关系。

对于财政科技投入与经济增长的关系,国内外学者同样做了许多研究,格里奇斯(1986)分析了美国制造业企业 1957~1977 年的数据,发现在生产力提升方面,科技支出有重要作用,尤其是 R&D 经费支出。杰夫、特拉滕贝格(2000)认为 R&D 投入不仅会促进本产业的技术进步,而且有助于提高其他产业的劳动生产率,从而提升经济体的生产率水平。陈志昂、胡贤龙(2011)运用 VAR 模型,选取不同区间样本数据考察了我国财政科技投入与经济增长之间的双向因果关系,证实财政科技投入会在很大程度上促进我国经济增长,同时经济增长也会反过来进一步促进财政科技投入的增加。

2.4　国内外研究评述

综上所述,已有文献为本书研究中国情境下货币政策对股票市场价格波动的影响机制问题,以及货币政策应该如何对股票市场价格波动做出响应的问题,在理论构建、研究方法、变量选取等方面提供了良好的基础和有益的借鉴。但是,已有研究还存在以下有待深入研究的问题:

第一,对于本书的关键研究问题——货币政策对股票市场价格波动的影响机制问题和货币政策应该如何对股票市场价格波动做出响应的问题,已有研究仍存在激烈的理论争论。关于前者,即便国内外学术界在理论研究方面已基本达成共识,即数量型货币政策和价格型货币政策能够通过改变股票市场的需求、提升股票内在价值、影响企业资金流等渠道影响股票市场价格,但是在该领域的实证研究方面,由于研究视角、所使用的计量模型、研究样本不同等原因,远未形成一致结论。

关于后者,更是形成针锋相对、截然相反的对立观点。由此可见,该领域的研究要从研究对象的具体情境出发,需考虑研究对象所处的政治、经济和制度特征,以及其处于的经济发展阶段特征,还要运用最新的数据,以实现研究的边际贡献。这些都为本书的研究提供了空间。

第二,关于中国货币政策对股票市场传导机制宏观渠道领域的研究,已有文献未将中国政府治理结构特征纳入考量。已有研究大多是基于传统的货币政策理论研究货币政策对股票市场价格的影响,然而中国的金融市场发展伴随着金融创新、金融监管的深刻变化,中国政府治理结构的特征,尤其是中国金融分权的演进过程,乃至在地方政府向民营经济分权的过程中,其分权效应不可避免地对既有的货币政策效果产生一定影响,因而金融分权对股票市场价格的影响是不容忽视的。本书对中国式金融分权的相关理论和文献研究后,拟将中国式金融分权在货币政策对股票市场价格的影响中的调节作用进行进一步研究,作为货币政策股票市场价格传导渠道的有益补充。

第三,关于中国货币政策对股票市场价格传导机制微观渠道领域的研究,已有文献未将中国股票市场投资者结构特征纳入考量。截至2020年,中国A股市场个人投资者持股市值占比为33.27%,境内专业机构投资者持股市值占比16.59%[①]。从该比例上看,个人投资者仍占有较高比例,个人投资者与机构投资者相比,往往存在信息不对称的问题,加之专业分析能力、现场调研机会均弱于机构投资者,个人投资者容易产生"追涨抛跌"的"羊群效应",投资者情绪对股票市场价格的影响是研究货币政策对股票市场价格的分析中容易被忽视的方面。通过相关文献的回顾,现有的研究主要集中在对投资者情绪的测度以及对投资者情绪与股票市场价格的相关性研究领域,将投资者情绪这一变量纳入货币政策对股票市场价格影响的研究较少。本书拟将投资者情绪指标纳入货币政策对股票市场价格影响的分析框架,以丰富微观路径的研究。

基于以上分析,本书认为中国货币政策对股票市场价格波动的影响这一重要理论问题尚缺少一个完整的理论框架。因此,本书的研究特色是构建一个基于中国情境的、微观与宏观相结合的、多学科交叉的中国货币政策对股票市场价格波动影响的理论框架。本书的边际贡献是:第一,基于中国资本市场的投资者结构特征(个人投资者相较机构投资者占比高),本书在考察货币政策对股票市场价格的影

---

① 数据来源:中国证券登记结算中心2020年度报告。

响时,将引入投资者情绪这一微观路径进行比较分析,证实纳入投资者情绪的分析框架能够为货币政策应对股价波动提供更加精确的决策依据。第二,在中国特有的投资者结构特征和政府治理结构特征背景下,研究货币政策对股票市场价格波动的影响,并在此基础上尝试构建包含股票市场价格的货币政策反应函数,为货币政策应对股票市场价格波动提供佐证。

第3章　我国货币政策对股票市场价格波动影响的理论框架

本书第二章通过对已有文献的回顾与分析发现中国货币政策对股票市场价格波动的影响这一重要理论问题尚缺少一个基于中国情境的完整理论框架。本章的主要目的是构建中国情境下货币政策对股票市场价格波动影响机制的理论框架。具体而言,除了对二者关系进行一般性理论分析,还将中国政府治理结构特征——金融分权理论,引入传导机制的宏观路径分析框架中;将中国股票市场投资者结构特征——投资者情绪理论,引入传导机制的微观路径分析框架中。利用这两个理论推演股票市场价格货币政策目标的实现路径,并梳理了股票市场价格波动冲击金融稳定的机理,结合最优货币选择理论,试图构建一个基于中国情境的、微观与宏观相结合的、多学科融合的中国货币政策股票市场传导机制及货币政策响应股价波动的理论框架。

在行文的形式逻辑上,本章统一采用"理论工具＋数理模型＋命题"的论证形式。理论工具部分主要阐释所采用的分析工具;数理模型部分主要展示作者的思维逻辑;命题则表明作者的理论观点。为增加可读性,将命题置于数理模型中。

3.1　货币政策对股票市场价格波动影响的一般性理论分析

3.1.1　货币政策对股票市场价格波动影响的理论基础

本节沿着货币政策对股票市场影响的宏观路径,先后对经典货币理论进行回顾,进而梳理货币政策传导机制理论。本节是构建货币政策对股票市场影响的宏观路径模型,逻辑框架见图3.1。

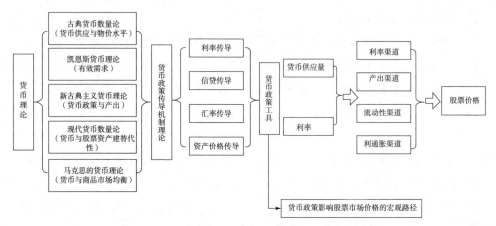

图 3.1　货币政策对股票市场影响的基础理论逻辑图示

（1）古典货币数量论

古典货币数量论是一种阐释货币需求与名义产出之间关系的理论。学术界通常将弗里德曼（Friedman）以前的货币数量论划分为古典货币数量论，以大卫·休谟（David Hume）、欧文·费雪（Irring Fisher）、马歇尔（Marshall）和庇古（Pigou）等古典经济学家为代表。古典货币数量论的基本论点是，商品的价格水平和货币的价值是由货币数量决定的，若其他因素（商品种类和数量、货币的流通速度等）不变，则商品的价格水平与货币数量成正比，货币价值与货币数量成反比。

欧文·费雪的现金交易方程。欧文·费雪（1911）提出现金数量理论 $MV=PT$，M 表示货币供应量，V 表示货币流通速度，P 表示物价水平，T 代表社会交易量，那么这表示，货币供应量增加，物价水平会成比例上涨，即货币供应量决定了物价水平。

马歇尔和庇古等的"剑桥方程式"。庇古提出了现金余额理论，$M=kPy$，式中 M 表示货币需求量，k 为人们持有的货币量与名义产出之比，P 为物价水平，y 为实际产出。若全社会货币现金余额为 M，则 $\dfrac{ky}{M}$ 是每一个货币单位的价格，代表了每一单位货币的购买力。因而，现金余额理论与现金数量理论的结论相同，即物价水平决定于货币数量，同时又与货币量呈反向、同比变动。货币数量理论清晰明了地刻画出货币供应量和物价水平之间的关系，在一定历史时期指导着理论与现实经济，随着资本市场的不断崛起，货币数量论对于现实经济的局限性逐渐显现出来，费雪方程中所用到的物价水平，指的是一般商品和服务的价格水平，并不包含股票、房地产等资产的价格，遗漏了资产价格的物价水平考量，将对货币政策的效果和实体经济产生重要影响。

（2）凯恩斯的货币理论

1929－1933 年爆发的经济危机对货币数量论造成了极大的冲击。1936 年凯恩斯《就业、利息和货币通论》[①]出版，提出用"看得见的手"即政府干预经济。逐渐形成了现代货币政策理论——凯恩斯学派货币政策理论，主要内容包括货币政策目标、传导机制以及货币政策有效性等内容。货币政策目标方面，凯恩斯提出了"有效需求"，并指出有效需求不足对物价水平起到决定性作用，进而其货币政策目标与有效需求管理目标一致——达到充分就业状态。而后，凯恩斯又提出了"流动性偏好理论"。流动性偏好理论认为，人们因货币的灵活性特点而愿意持有货币，人们持有货币的动机可以分为三种：预防动机是指为了防止发生意外而持有一部分货币的动机，这种动机带来的货币需求仅仅与收入水平相关；交易动机，即为了满足日常生产生活需求的相关交易而持有货币的动机；投机动机是指人们持有货币是为了投机性的购买有价证券而获利的行为，因此投机需求与利率变化方向相反。那么货币当局可以通过调整货币供给量来调节利率，进而影响产出与物价水平，因而凯恩斯认为货币政策传导最重要的环节就是"利率"。凯恩斯认为存在"流动性陷阱"，即名义利率极低，甚至接近于零时，人们预期利率不会更低，由于"流动性偏好"的作用，宁愿大量的持有现金，也不愿进行投资和消费，那么无论货币供给量如何增加，都不会对产出、物价产生任何影响，货币政策此时失效，于是当经济处于萧条状态时，货币政策的作用要小于财政政策。

（3）新古典主义货币理论

《就业、利息和货币通论》出版后，希克斯（Hicks）等经济学家将凯恩斯的货币思想进一步用 IS-LM 模型表示，形成了以菲利普斯曲线、索罗增长模型为主要依据的相机抉择的货币政策调节利率以应对经济波动。其主张货币政策与财政政策配合使用，例如，当实施积极的财政政策时，应辅以宽松的货币政策，以达到维持经济增长的目标。这一政策主张一度起到了良好的效果，但持续的低利率操作在 20 世纪 70 年代最终引发了严重的通胀。伴随着真实经济周期和货币经济周期模型的出现，新古典宏观经济学将理性预期的概念引入，认为只有未被预期到的货币供应变化才会引发实际产出的变化，并且当人们的预期调整后产出恢复到原有水平。

（4）现代货币数量论

弗里德曼认为，货币需求受总财富影响，总财富由三种类型的财富组成：人力

---

① 凯恩斯.就业、利息和货币通论：重译本［M］.北京：商务印书馆，2009.

财富、非人力财富和其他财富。人力财富是指技能劳动者依靠人力资源获取的财富,非人力财富除包含货币以外还包括物质资产、金融资产(债券、股票等)。由于总财富难以衡量,弗里德曼提出了永久收入假定。在凯恩斯以前,收入的定义一般指当期的国民收入。弗里德曼的一个很重要的假定是决定货币需求的不是当期的收入,而是永久性的收入,即当期和未来可支配的收入组成永久性收入。经济本身是有周期波动的,当拥有不同类型的资产时,货币需求就不会受经济周期波动影响。永久收入假说决定了货币需求与收入呈正相关而与利率的关系很小。弗里德曼需求函数如下:

$$\frac{M_d}{p} = f(Y_p, r_b - r_m, r_e - r_m, \pi_e - r_m, \mu) \tag{3.1}$$

其中 $\frac{M_d}{p}$ 表示货币的真实需求,Y_p 代表永久收入,$r_b - r_m$ 代表债券相对于货币的预期收益率,$r_e - r_m$ 代表股票相对于货币的预期收益率,$\pi_e - r_m$ 代表其他资产相对于货币的预期收益率,由于货币与其他类型的资产存在替代关系,那么其他资产相对于货币的收益率越高,货币需求越小。在弗里德曼的货币需求理论中,货币需求对利率不敏感,这也是弗里德曼反对将变动利率作为政府调控经济的理论根源的原因。

(5)马克思的货币理论

马克思的货币理论可以概括为三个主要部分:基于劳动价值论的货币的本质与起源、货币的职能,以及货币流通的一般理论。主要分布在《资本论》第 1 卷第一篇第一章的货币理论,第 2 卷的再生产理论,第 3 卷的对商业资本、货币资本、生息资本和借贷资本理论。马克思《资本论》第 1 卷中关于货币本质和起源的论述"使用价值成为它的对立面即价值的表现形式,具体劳动成为它的对立面即抽象人类劳动的表现形式,私人劳动成为它的对立面即直接社会劳动的表现形式"。阐明了从商品到特殊的商品——货币的价值形式变化:简单的价值形式-扩大的价值形式-一般价值形式-货币。因此,"简单的商品形式是货币形式的胚胎"[①],也就是说货币的本质是充当一般等价物的特殊商品。王国刚(2019)总结道:"货币作为流通手段的运动,实际上只是商品本身的形式的运动""在进入流通过程时,商品没有价格,货币也没有价值",说明了流通中所需货币量与货币流通速度、商品价格总额的关系。虽然马克思主义经济学中,没有关于货币政策传导机制的理论,但是马克

---

①　马克思.资本论:第 1 卷[M].北京:人民出版社,2004:114;138;146.

思的货币理论中实际上隐含了关于传导机制的思想。《资本论》第 3 卷中关于信用的描述和货币对于扩大再生产的作用:"诱人的高额利润,使人们远远超出拥有的流动资金的许可范围来进行扩张活动,信用可以利用";"一方面的货币能引起另一方面的扩大再生产"从这一角度,可以看出马克思的货币政策传导机制的基本逻辑是:货币供给量改变从而信贷资金增加,企业投资增加,进而总产出增加。对于马克思的货币政策,杨天宇(2008)基于马克思的货币理论,提出了货币扩张的临界点:生产要素是否得到了充分利用,超过该临界点的货币扩张会引发通货膨胀,临界点内的货币扩张才会促进经济增长。刘国鹏(2008)提出了在经济衰退时期,货币扩张并不是通过刺激新的投资而是通过清偿债务而获得流动性恢复,进而恢复企业投资活力来影响产出的。这与西方经济学的货币传导机制有所不同。马克思的货币理论与西方经济学货币理论的比较:马克思的货币理论是在商品的生产流通领域对于金属与纸币流通规律的探讨,西方经济学的货币理论更多的是从宏观上考虑,将其引入货币金融等领域,包含的形态也不只是流通中的纸币,逐步拓展到有价证券、虚拟资产。二者既有一致性的观点又相互区别。

在西方经济学中,货币供应量通过利率传导到投资和消费,进而影响总需求和总产出。而在马克思的货币理论中,并没有对货币传导路径的专门论述,但与西方经济学的传导路径不同的是,马克思的货币理论认为,当经济低迷时,归根结底是由于商品的过剩所引起的,在经济低迷时,投资对利率的反应是缺乏敏感的,这时如果增加投资,不仅不会改善商品过剩的现状,反而又会引起资本的过剩,解决过剩的商品才是最佳的对策。这体现了两种货币理论在传导机制上的差别。马克思的货币理论和西方经济学的货币理论之所以呈现出不同的特点,主要在于其研究的侧重点是不同的。刘鸿杰(2011)指出马克思的货币理论主要为商品流通服务,货币是商品交换的媒介。而西方经济学的货币理论是把货币作为一种经济变量引入货币市场、商品市场的均衡分析中,通过货币理论及其传导机制指导货币政策的调控和经济平稳运行。

(6)货币政策传导机制理论

米什金(2001)将货币政策传导机制分为"货币渠道"和"信贷渠道",各渠道又分别通过利率、汇率、资产价格、信贷、资产负债表等发挥作用,见图 3.2。

货币政策的利率传导机制:利率传导机制是货币政策理论的一个重要组成部分。在凯恩斯主义理论中,可以视为货币价格的利率是由货币的供给和需求所决定的。货币的供给是外生变量,它是由一国的中央银行所决定,而货币的需求取决于三种动机,交易动机、预防动机与投机动机。货币政策是如何通过利率传导作用于实体经济呢? 首先,一国中央通过货币政策,如提高货币供给量,引发货币供需不平衡,此时,利率降低。对于企业部门的影响是:利率降低,企业能够以更低的财务成本获取资金,用于扩大投资,投资的扩大又通过投资乘数的作用传导到产出,产出增加;对于居民部门的影响是:利率的变化最直接影响个人的消费,进而影响总需求,传导至实体经济。

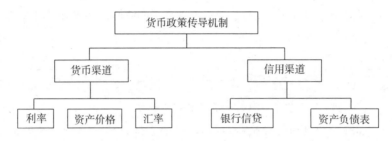

图 3.2　货币政策传导机制类型图

货币政策的信贷传导机制:信贷渠道包含狭义信贷渠道及广义信贷渠道,狭义信贷渠道是指货币政策通过对银行信贷的影响作用于实体经济;广义信贷渠道是指货币政策通过对企业和居民的资产负债表的影响来发挥作用。一般数量型货币政策往往通过狭义信贷渠道(银行信贷)发挥作用,即货币当局通过货币政策工具,如中央银行通过降低商业银行存款准备金增加了银行可用于借贷的资金,企业获得用于经营和扩大投资的贷款量随之增加,进而增加社会总产出;反之,中央银行也可以通过公开市场操作,卖出证券,商业银行存款准备金降低,与此同时,企业部门从银行获取用于扩大投资的资金难度增加,企业投资降低,进而引发总产出降低。同时,数量型的货币政策也可通过广义信贷渠道产生影响,通过影响企业部门的投资,以及居民部门的信贷,修复企业和居民部门的资产负债表,影响信贷需求,进而传导到实体经济。比如,央行降低货币供应量,利率上升,此时企业的资产负债表状况恶化,可用于抵押的资产净值和现金流的降低使得企业难以从银行获得更多的授信,信贷可获得性降低,从而影响了企业的投资,进而导致总产出降低。

货币政策的汇率传导机制:开放经济体条件下,全球各国之间的经济贸易往来不断密切,某一国的货币政策通过汇率传导到另一国,对进出口产生影响,进而影响总产出。汇率传导渠道依托于购买力平价理论和利率平价理论。购买力平价理论的核心内容是两国货币的汇率等于两国物价水平之比。那么在浮动汇率制下,如果一国实施宽松型货币政策,导致本国发生通胀,此时该国汇率下降,出口增加,进而产出增加。利率平价理论是指,当本国货币政策变动时,最先引起本国利率的变动,在开放经济条件下,依据利率平价理论,资本会由低利率国家或地区流向高利率国家,这时两国汇率水平发生改变,通过贸易等行为进而影响本国的产出。例如,央行通过公开市场买入操作对货币政策进行调整,最先导致本国利率水平上升,本国利率高于外国利率水平,在开放经济条件下,资本自由流动,根据利率平价理论,资本或从利率低的外国流入利率高的本国,最终汇率降低,本币升值。此时,本国商品的相对价格高于外国商品,进一步降低净出口,最终产出降低。作用路径如图 3.3。

图 3.3 汇率传导机制图

货币政策的资产价格传导机制:货币政策的直接目标并不是资产价格,但在实际操作中,可以通过资产价格传导到实体经济,本书主要讨论股票价格。货币政策通过资产价格的传导,可以从托宾 Q 学说的角度加以解读。

利率传导渠道往往更易于同股票市场联动,如当货币供给量增加时,利率降低,此时,基于企业未来收入的折现的考虑会提升企业估值,提高股票价格;另一方面,当利率较低时,企业融资成本低,有益于企业通过扩大投资增加盈利能力,提升股价。

资产价格的传导还可以通过财富效应实现,根据生命周期假说,消费者是追求效用最大化的个体,以效用最大化为目标安排一生的消费,因而决定消费的不是当期收入而是一生财富,所以资产价格的上涨会使个人财富增加,从而增加消费、刺激总需求,将资产价格上涨的影响传导到实体经济。综上所述,货币政策的各种传导渠道并非孤立地发挥作用,这也就构成了货币政策制定和执行的复杂性。

3.1.2 货币政策影响股票市场价格波动的宏观路径

股票市场作为金融市场的重要组成部分,承担着企业筹资渠道、优化配置社会资金、完善企业经营管理等功能。货币政策经股票市场价格影响实体经济的路径可通过托宾 Q 学说、企业和居民的资产负债表理论加以解释,其传导的实现路径见图 3.4。

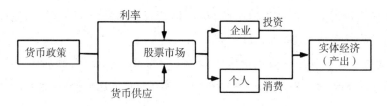

图 3.4　货币政策的股票市场价格传导实现路径

货币政策的调整是通过利率影响投资和消费,进而传导到实体经济。同时,货币政策也可以通过对股票市场的影响进而传导到实体经济。从理论上讲,股票价格等于股息与利率的比值,从这个角度来看,货币政策对股票市场最直接的影响便是通过利率实现,货币政策通过影响企业的融资成本、现金流量等,对股价产生影响。例如,当央行通过再贴现率政策作用于利率,进而影响信贷规模,利率下调,企业的融资成本下降,从而现金流丰富,在股票市场构成利好消息,会推动股票价格的上涨。所以货币政策调整对股票市场的影响,一方面是通过利率、货币供给量来调整资金的流动方向;另一方面是通过政策的调整改变投资者的预期,但就现实情况看来,中国的股票市场价格受货币政策的影响远没有达到理论预期,这与我国对金融市场的监管程度有一定关系。从股票市场的需求方进行分析,利率变动会引起与利率变动方向一致的金融产品收益产生同向变动,如当利率提高时,债券类产品的收益会提升,投资者相对于股票会将资金更大比例地投向债券产品,此时也会引起股票相对价格的下降。对于使用杠杆进行股票投资的投资者,利率的提高会增加融资成本,这一部分投资者的股票需求量下降,进而引起股票价格的下跌。

(1)托宾 Q 学说传导机制

托宾 Q 学说对于货币政策传导机制的意义在于它阐明了货币政策如何作用于资产价格,进而传导到投资和实体经济。托宾 Q 是企业市场价值与资产重置成本的比值,这里企业的市场价值可以用股票市场的市值来衡量,其传导过程如下所示:

货币政策(货币供应量)→利率→股票价格→投资→产出

(2)资产负债表传导

资产负债表渠道是货币政策通过影响企业和个人的资产价值,对其信贷可得性产生影响,最终传导到投资与消费,进而影响总产出。对于企业,宽松的货币政策使得利率上升,此时股票价格下跌,企业市值下降,资产负债表恶化,同时利息上升,企业需要支付给信贷提供方的利息增加,占用了现金流,企业的资产净值降低,

可用于获得信贷资金的抵押价值下降,从而信贷资金可得性降低,进而减少投资;居民部门的传导渠道类似,传导过程如下:

货币政策→利率→股票价格→信贷可获得性→投资(消费)→产出

根据以上分析,可以构建货币政策影响股票市场价格的逻辑模型,如图 3.5 所示。

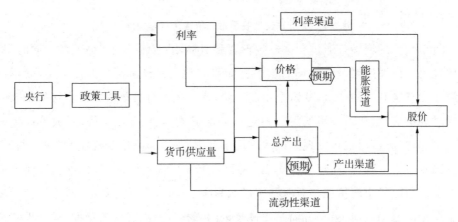

图 3.5　货币政策影响股票市场价格的宏观路径

当央行通过再贴现、公开市场业务、存款准备金等操作作用于中介目标影响股票价格时,其实现过程可以归纳为四个渠道:利率渠道、流动性渠道、通胀渠道和产出渠道。其中利率渠道和流动性渠道其原理由托宾 Q 学说和资产负债表传导理论可以清楚地解释。通胀渠道和产出渠道是较少被提及的间接传导渠道,是某些信息与投资者预期共同发生作用的结果。

通胀渠道是指当货币政策作用于利率或货币供应量时,使得商品相对价格发生变化,此时通胀出现。通胀一方面影响企业的基本面,企业生产成本上升,利润下降,最终导致股价下跌;另一方面,通胀发生之初,消费者会产生手中货币"变多"的错觉,倾向于将闲置资金投向股票市场,股票市场需求增加,股票价格上涨。当通胀持续一段时间后,人们出于谨慎动机对未来一段时间经济走势呈现悲观预期,倾向持有现金,股票市场需求大幅降低,股价下降。

产出渠道是指当总产出发生变化时,如总产出增加,投资者对经济走势呈现乐观预期,在产品市场的表现是总需求增加,为了满足增加的需求,企业扩大生产规模,利润增加,反映在股票市场上是股票价格上涨。

3.1.3　货币政策影响股票市场价格波动的基本理论模型

根据货币政策影响股票价格的四种渠道,可以构建货币政策影响股票价格的基本模型：

$$P_s = P_s(Y, P_0, R, M_s) \tag{3.2}$$

3.2 式中 P_s 表示股票市场价格，Y 表示产出水平，P_0 表示一般物价水平，R 表示实际利率，M_s 表示货币供应量。根据前文分析，股票市场价格受到以上几个因素影响，由此得到股票市场价格的表达式，对 3.2 式取对数得到：

$$LnP_s = \alpha_0 + \alpha_1 LnY + \alpha_2 LnP_0 + \alpha_3 LnM_s + \alpha_4 R \tag{3.3}$$

货币供应量是关于产出和物价水平的函数，如 3.4 式：

$$M_s = M_s(Y, P_0) \tag{3.4}$$

取对数后得到：

$$LnM_s = \beta_0 + \beta_1 LnY + \beta_2 LnP_0 \tag{3.5}$$

货币供应量与货币需求的关系如 3.6 式所示：

$$\frac{M_s}{P_0} = M_d(Y, R) \tag{3.6}$$

取对数后得到：

$$LnP_0 = \gamma_0 + \gamma_1 LnM_s + \gamma_2 LnY + \gamma_3 R \tag{3.7}$$

总产出表达式如 3.8 式：

$$Y = C(Y, P_s) + I(R, P_s) + G(Y) + IX(R, P_0, M_s, Y, Y', R', P'_0, M'_s) \tag{3.8}$$

其中 Y'、R'、P'_0、M'_s 分别表示国外的产出、利率、物价水平及货币供应量。

进一步整理得到：

$$Y = Y(R, P_0, M_s, P_s, Y', R', P'_0, M'_s) \tag{3.9}$$

取对数后得到：

$$\begin{aligned} LnY = {} & \delta_0 + \delta_1 R + \delta_2 LnP_0 + \delta_3 LnM_s + \delta_4 LnP_s \\ & + \delta_5 LnY' + \delta_6 R' + \delta_7 LnP'_0 + \delta_8 LnM'_s) \end{aligned} \tag{3.10}$$

将 3.3、3.5、3.7、3.10 式联立方程组得到如下结果：

$$\begin{cases} LnP_s = \alpha_0 + \alpha_1 LnY + \alpha_2 LnP_0 + \alpha_3 LnM_s + \alpha_4 R \\ LnM_s = \beta_0 + \beta_1 LnY + \beta_2 LnP_0 \\ LnP_0 = \gamma_0 + \gamma_1 LnM_s + \gamma_2 LnY + \gamma_3 R \\ LnY = \delta_0 + \delta_1 R + \delta_2 LnP_0 + \delta_3 LnM_s + \delta_4 LnP_s \\ \qquad + \delta_5 LnY' + \delta_6 R' + \delta_7 LnP'_0 + \delta_8 LnM'_s) \end{cases} \tag{3.11}$$

那么在 3.11 式的系数矩阵满秩时，该方程组存在唯一解。3.11 式所构建的方程组,代表了股票市场价格、货币供应量、一般物价水平和产出水平构成的系统,该模型的均衡解代表着该系统受到内生变量或外生变量冲击时,该系统可以通过各变量的相互作用重新达到均衡状态,由此得到命题 1。

命题 1　货币政策变动,通过利率渠道、货币供应量渠道、通胀渠道和产出渠道对股票市场价格产生影响。

3.2　我国股票市场结构特征对货币政策股价传导的机理分析

3.2.1　我国股票市场结构特征与羊群效应理论

(1)中国股票市场的结构特征

资本市场的重要组成部分——股票市场,作为重要的融资平台,承担着资金融通、激发上市企业活力的重要作用,是实体经济的晴雨表。我国改革开放初期,众多企业开始进行股份制改革,探索建立现代企业制度,随后,20 世纪 90 年代,上海证券交易所、深圳证券交易所的成立,使得我国的股票交易有了集中场所,随后证监会的成立和《中华人民共和国证券法》的颁布,为股票市场的规范运行开启了监管模式。我国股票市场起步晚、历史短暂,但是近年来,我国股票市场发展十分迅速,一般学术界用股票市场的深度与广度两个指标衡量股票市场的发展状况。股票市场的深度是从供给侧衡量市场发展状况的,用股票市场总市值占 GDP 的比重来衡量,市值占 GDP 比重一度高达 120%[①],近年来达到 60% 以上(如图 3.6 所示)。而股票市场的广度是从需求侧衡量,是指股票市场的投资者人数占总人口的比重衡量(如图 3.7)。

中国证券市场规模增长快,但市场投资者结构却极不成熟,增长极不平稳,市场波动幅度大。A 股市场个人投资者占比高、机构力量薄弱是中国投资者结构的主要特征。投资者交易行为是影响市场稳定性的直接因素。个人、机构、非金融企业、政府等不同类型的投资者构成了股票市场的微观主体,直接作用于股票的定价逻辑。不同类型的投资者交易特征各不相同,受到投资技能、专业能力的制约,个人投资者的投资分散性更低,在投资中的投机属性更强,追涨抛跌,极易引发股票

---

① 　根据中经网数据库公开的沪深两市上市公司市值总值与 GDP 数据相除得到。

市场的暴涨暴跌;其次,我国股票市场的流动性较低,上市股票的可流通数量受限,阻碍了股票市场配置资源的功能。A 股市场的投资者可以分为五类:个人投资者、境外机构投资者(合格境外机构投资者,即 QFII、陆股通)、境内机构投资者(公募基金、私募基金、证券机构、保险机构、信托机构、社保基金)、政府持股(中国证券金融股份有限公司、中央汇金投资有限责任公司、政府投资平台)、产业资本(个人大股东、上市公司、非上市公司),如图 3.8 所示。

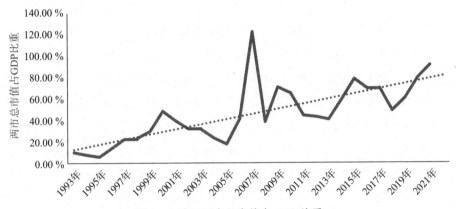

图 3.6　沪深两市总市值占 GDP 比重

数据来源:根据中经网数据绘制

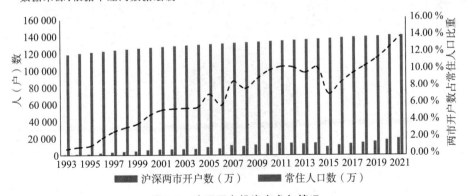

图 3.7　沪深两市投资者参与情况

数据来源:根据中国证券登记结算有限公司年度报告及中经网数据绘制

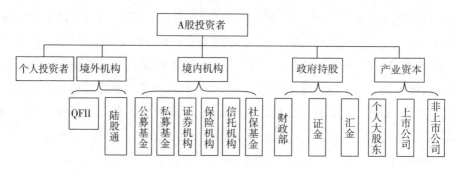

图 3.8　A 股市场投资者结构

在现实经济中,并非所有投资者都是"理性人",尤其是我国股票市场参与者中个人投资者——散户占较大比重(如图 3.9 所示),对于股票市场行情不如专业机构投资者般有专业判断能力,而且投资决策容易受到主观情绪影响,加之"羊群效应"的从众心理影响,从而间接地影响股票市场价格波动。投资者结构是对单个投资者交易行为的宏观加总,广义上,股票市场中存在理性投资者和非理性投资者两大类型,成熟的市场结构中,非理性投资者的投机与噪声交易行为会受到理性投资者的抗衡,市场定价趋向于内在价值。而中国机构投资者规模占比低,长期资金匮乏,导致其在市场中难以起到主导市场定价的作用。A 股市场常年表现出高波动、高换手的特点,具有明显的羊群效应,股票市场始终为"牛短熊长"、投资回报率低的问题困扰。

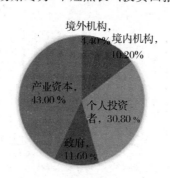

图 3.9　A 股市场投资者占比

数据来源:根据中国证券登记结算有限公司年度报告数据绘制

个人投资者的融资方式主要包括自有资金和融资融券交易。融资融券交易是股票市场投资者特有的融资方式,其本质是杠杆资金。自 2010 年融资融券制度开通后,个人投资者信用账户开立数量占比始终维持在 99% 以上[①],融资买入与 A 股

---

① 根据 Wind 数据库公开数据计算而得。

成交额呈现同趋势变化,如图 3.10 所示。另外,考虑到我国经济不同于发达国家经济的独特之处,表现在资本市场上,其呈现出国有企业占比较高的特征,A 股国有上市公司累计达 1 280 家,占比 32.81%,国有上市公司总市值达到 67.2 万亿元,占沪深两市总市值比重超过 70%;融资者结构方面也呈现了以国有企业为主的特征,沪深两市融资融券标的证券数量为 1 829,其中国有股占比 46%,民营股占比 39%。

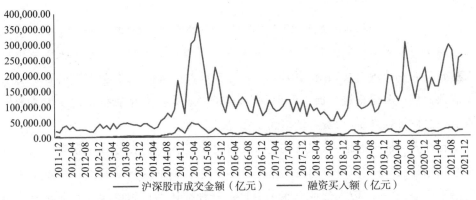

图 3.10　融资买入额与两市成交金额变化趋势

数据来源:根据 Wind 数据库公开数据绘制

(2)A 股市场个人投资者的"羊群效应"

投资者的羊群效应是基于非理性产生的、放弃自主分析有效市场信息而作出的盲从性决定,在股票市场价格出现较大波动时,投资者一致性地买进或卖出现象。羊群效应的产生主要是由于信息不对称和投资者的从众心理。由于股票市场中个人投资者获取信息的渠道有限、信息的真实性也相对受限,导致个人投资者与其他投资者策略不一致时,倾向选择相信其他投资者的信息有效性,同时由于从众心理的存在,为了避免因投资策略不一致而承担亏损的风险,从而选择追随多数投资者的决策。当越来越多的投资者选择从众策略,有效的市场信息无法传递下去,取而代之的是扭曲的市场信息不断传递。当股票市场价格处于上升阶段时,投资者持续买入的羊群效应会加剧市场价格上行乃至形成泡沫。当股票市场价格处于下行阶段时,投资者持续抛售的羊群效应则会进一步加剧市场价格暴跌。

3.3.2　投资者情绪影响股票市场价格波动的微观路径

当货币供应量、利率发生变化时,投资者对未来经济走势形成预期判断,从而对股票资产需求发生变化,进而影响股票市场价格的波动,其作用路径如图 3.11

所示。

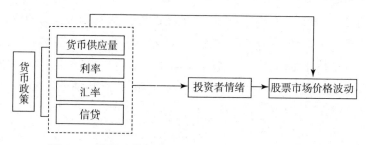

图 3.11　货币政策影响股票市场价格波动的微观路径

对于投资者情绪的概念的界定,有学者认为投资者情绪是对于未来股票价格波动趋势的主观倾向性判断,也有学者认为投资者情绪可以简单归纳为:投资者根据股票市场相关信息进行加工处理,所形成的对未来股票市场价格的积极或消极看法。总体可以判断,投资者情绪属于"预期"范畴。

在西方经济学理论中,比较完整系统的预期理论始于"凯恩斯的预期理论",其核心思想是:经济主体可以预测到未来的不确定性,这种不确定性会影响经济主体的决策行为,这一阶段的预期思想主要处在一种描述性认识阶段。后期在凯恩斯的预期思想基础上,发展出了古典预期思想,包括以当期实际值等于下期预期值来确定均衡价格的静态预期理论;运用事件过去发展规律和当期发展趋势形成预期的外延预期理论;理性经济主体在形成预期的过程中会根据过去的预期值与实际值的偏差不断修正后形成未来预期的适应性预期理论。在"理性人"假设的基础上,形成了理性预期理论,即经济主体会不惜一切成本代价获取信息,用以形成对未来趋势尽可能精确的预测,将不确定性通过概率分布筛选控制到最小。

投资者情绪对股票市场价格的影响主要是通过影响投资者预期,进而影响投资者的决策行为。比如,当投资者呈现积极甚至狂热情绪时即偏离"理性人"假设,对于股票市场存在乐观预期,大量买入股票资产,从而导致股票市场价格超过价值,严重时形成股票市场价格泡沫。对于投资者情绪的测度,主流方法多参照贝克(2006)运用主成分分析法,构建了包含封闭式基金折价率、股票发行量等六个指标在内的投资者情绪代理变量。此后学术界多沿用此方法测度投资者情绪,指标的选取尚未形成一致性共识。在已有研究中,投资者情绪对股票市场价格影响的传导途径可以概括为以下几个因素:股票市场流动性、封闭式基金折价率、新增开户数。

股票市场流动性:投资者情绪对股票市场价格的影响是通过影响股票市场的

流动性实现的,将融资融券机制纳入分析框架后,投资者情绪对股票市场流动性影响更明显[①]。股票市场流动性主要指参与股票市场交易的资金总量,是投资者已购入股票的流通总市值与在账户中尚未参与交易的资金总和。当投资者情绪呈现积极状态时,对股票市场的未来走势形成正向预期,积极参与股票交易,股票市场需求增加,具体体现在股市成交量、换手率、融资融券余额的增加,这时股票市场的流动性增强,从而引起股票市场价格的波动。

　　封闭式基金折价率:封闭式基金是指发行规模与期限一经确定,期限内不可赎回,只可在证券交易市场进行上市交易,交易价格根据供求定价,这就会出现交易价格低于基金净值的情况,这种情况称为封闭式基金折价。封闭式基金折价率被国内外学者广泛应用为测度投资者情绪的重要指标。当投资者对股票市场行情表现积极情绪时,会大量买入股票资产,此时股票资产需求量增加,封闭式基金折价率降低,股票市场价格上涨;反之,投资者对股票市场行情表现出消极情绪,会大量卖出股票资产,股票资产需求下降,封闭式基金折价率上升,股票价格下跌。

　　新增开户数量:当股票市场走势良好时,投资股票市场收益增加,投资者会表现出积极的情绪,这时,尚未参与股票投资的投资者出于逐利心理和受到场内投资者积极情绪的影响,会参与股票资产买入,新增开户数量增加。股票资产需求量增加,从而股票市场价格上涨。

3.3.3　投资者情绪对货币政策股价传导的作用机理

　　把股票价格与价值之间存在的偏差视为噪声,那么基于货币政策的调整而形成对未来经济走势的判断,进而产生的驱动股票交易的投资者情绪便可视为噪声信息。假设存在风险资产和无风险资产,风险资产的价格为 r_p,无风险资产价格为 1,$r_p \sim N(\overline{r_p}, \sigma_{r_p}^2)$。分别存在三种类型的投资者:根据货币政策信息进行交易的理性投资者、根据货币政策信息形成预期并基于未来收益变化进行交易的噪声投资者、其他投资者。三类投资者接收到的货币政策相关信息为 Q,理性投资者接收到的货币政策信息(噪声信息)为 c,噪声投资者接收到的形成投资者情绪的信息为 ε,$Q = c + \varepsilon$,其中理性投资者不受噪声信息影响。

　　投资者的效用函数为 $U(w) = -e^{-aw}$ w 为财富,a 为风险厌恶系数。

　　① 尹海员.投资者情绪对股票流动性影响效应与机理研究[J].厦门大学学报(哲学社会科学版),2017(4):102-113.

$$E(U(w_{\mathrm{I}} \mid Q)) = -\exp\left\{-\alpha\left[E(w_{\mathrm{I}} \mid Q) - \frac{\alpha}{2}\mathrm{Var}(w_{\mathrm{I}} \mid Q)\right]\right\} \quad (3.12)$$

求极值得到最优股票需求量,其中

噪声投资者的股票需求为:

$$X_1 = \frac{r_{\mathrm{p}}(\sigma_{r_{\mathrm{p}}}^2 + \sigma_\varepsilon^2) + \sigma_{r_{\mathrm{p}}}^2(r_{\mathrm{p}} + \varepsilon - \overline{r_{\mathrm{p}}} - \overline{\varepsilon})}{\alpha\sigma_{r_{\mathrm{p}}}} \quad (3.13)$$

理性投资者的股票需求为:

$$X_2 = \frac{r_{\mathrm{p}} - r_{\mathrm{p0}}}{\alpha\sigma_{r_{\mathrm{p}}}^2} \quad (3.14)$$

其他投资者的股票需求量为 X_3

当股票市场达到均衡条件时

$$X_1 + X_2 + X_3 = 0 \quad (3.15)$$

将式 3.13 与式 3.14 代入式 3.15,得到:

$$r_{\mathrm{p}} = r_{\mathrm{p0}} - \frac{\sigma_{r_{\mathrm{p}}}^2(\varepsilon - \overline{\varepsilon})}{2\sigma_\varepsilon^2} - \frac{\alpha X\sigma_{r_{\mathrm{p}}}^2\sigma_\varepsilon^2}{2} \quad (3.16)$$

其中 $(\varepsilon - \overline{\varepsilon})$ 表示投资者情绪的变化,那么将式 3.16 对 $(\varepsilon - \overline{\varepsilon})$ 求导得到:$\frac{\sigma_{r_{\mathrm{p}}}^2}{2\sigma_\varepsilon^2} > 0$,

这说明股价随投资者情绪呈现同方向变化,投资者情绪乐观,股票市场价格上涨,由此得到命题 4。

命题 4 货币政策在投资者情绪的作用下对股价波动产生影响。

3.3 货币政策对股票市场价格波动反应的理论分析

3.3.1 股票市场价格波动影响通货膨胀的机理

股票市场价格通货膨胀的理论机制可以借助费雪效应来进行说明。费雪效应描述了利率与物价水平之间的变动关系。费雪把利率划分为名义利率和实际利率,名义利率剔除物价水平的变动后得到实际利率,如 3.17 式所示。

$$1 + R_t = (1 + r_t)(1 + \pi^e) \quad (3.17)$$

其中 R_t 表示第 t 期的名义利率,i_t 表示第 t 期的实际利率,π^e 表示预期通货膨胀率。由上式可以判定名义利率与预期通胀率呈现同向变动关系。股票市场的收益率也可类比费雪效应表达式,用当期股价、前一期股价和股息间的关系表达如下:

$$I_t = \frac{(S_{t+1} - S_t + D_t)}{S_t} \tag{3.18}$$

其中 I_t 为名义收益率，S_t 为第 t 期股票价格，S_{t+1} 为第 $t+1$ 期股票价格，D_t 为第 t 期股息。

将名义股票收益率转换为实际股票收益率形式：

$$i_t = \left(\frac{S_{t+1}}{p_{t+1}} - \frac{S_t}{p_t} + \frac{D_t}{p_{t+1}} \right) \frac{p_t}{S_t} \tag{3.19}$$

其中 P 代表物价水平，π 代表预期通胀率。

$$p_{t+1} = p_t(1 + \pi) \tag{3.20}$$

将 3.20 式代入 3.19 式，得到：

$$i_t = \frac{s_{t+1}}{s_t(1+\pi)} - 1 + \frac{D_t}{s_t(1+\pi)} \tag{3.21}$$

3.21 式整理后得到：

$$i_t + 1 = \frac{s_{t+1}}{s_t(1+\pi)} + \frac{D_t}{s_t(1+\pi)} = \frac{s_{t+1} + D_t}{s_t(1+\pi)} \tag{3.22}$$

$$(1+i)(1+\pi) = 1 + I_{t+1} \tag{3.23}$$

由 3.23 式可见股票市场价格与通货膨胀的关系，具体路径见下图 3.12 所示：

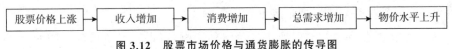

图 3.12　股票市场价格与通货膨胀的传导图

3.3.2　股票市场价格波动影响金融稳定的机理

近二十年来，世界性的金融危机都呈现出一个共同的特点：流动性失衡引发市场价格泡沫的积累与膨胀，泡沫破裂后导致流动性不足。这种流动性与市场价格的交互影响，使得金融市场的主要资产无法变现，导致金融危机，影响全球金融稳定。因而，研究与货币政策相关的流动性失衡对于股市波动的影响，对于防范金融风险，维护金融稳定具有重要意义。

（1）货币政策调整引发的流动性失衡及其成因

关于流动性的概念，最早可以追溯到凯恩斯在 1936 年的《就业、利息与货币通论》提出的：流动性就是一般意义上的货币总量[①]。从这一角度看，流动性主要指的是一国中央银行的货币供应量。根据资产变现的难易度将这一层面的流动性进

---

① 凯恩斯.就业、利息和货币通论:重译本[M].北京:商务印书馆,2009:88-89.

一步细分为市场流动性和融资流动性。市场流动性是指通过出售资产来融资的难易程度,融资流动性指专业投资者和投机者从资金持有方融得资金的难易程度。本节所研究的流动性失衡主要是针对货币流动性而言的。

流动性失衡主要可以分为两种:一种是总量意义上的失衡,另外一种是结构意义上的失衡。由于本节主要关注的是货币流动性,那么货币流动性失衡就可以从货币的供求失衡角度加以理解。

总量意义上的流行性失衡是指流动性不足或流动性过剩的状态,也就是货币供给与需求失衡的状态。总量意义上的流动性失衡,一般是货币政策调整所引起的,例如,当一国央行为了控制通胀、抑制经济过热而实行紧缩性货币政策,减少货币供应量,流通中的货币减少,货币的供给与需求失衡,由此产生流动性不足的现象;当一国央行在经济低迷时期为了刺激投资与消费、拉动经济增长而实施宽松的货币政策时,当出现货币供给大于货币需求时,就会出现流动性过剩的现象。

结构意义上的流动性失衡是指不同的行业和市场间,流动性过剩和流动性不足同时存在的现象。最为明显的例子就是实体经济与金融市场间存在的结构意义上的流动性失衡。金融市场吸引了大量的流动性,却无法及时地将资金输送到实体部门,这就导致了金融系统与实体经济间的流动性失衡。

(2)流动性失衡对于股票市场价格的影响

流动性的扩张和收缩对股票市场价格的影响,可以看作货币政策的变动对于股票市场价格的影响,其作用机理可以用"费雪方程"加以分析。$MV = PT$, M 表示货币供应量,V 表示货币流通速度,P 表示物价水平,T 代表社会交易量,那么这表示在价格水平不变的前提下,总交易量与所需要的货币量是成比例的,也就是说,货币供应量增加,物价水平会成比例上涨,即货币供应量决定了物价水平。那么如果将物价水平 P 定义为包含一般商品与服务价格和股票市场价格的物价水平时,假设货币供应量增加造成流动性过剩时,如果投资者对一般商品和服务的需求量不变,在流动性过剩的前提下,为了追求更高收益,投资者会选择投资于股票市场,对于股票资产的需求量激增,会导致股票市场价格的激增,市场价格泡沫开始形成。在货币政策紧缩时期,货币供应量下降,流动性不足使得投资者面对更加严厉的信贷约束,为了应对银行金融机构的信贷收紧政策,投资者不得不大量出售手中持有的股票资产,从而导致股票市场价格的暴跌。可以发现货币政策对于股票市场价格的影响是通过货币流动性的收放来实现的。

（3）股票市场价格的波动对金融稳定的影响

2005 年中国人民银行发布的《中国金融稳定报告》中，对金融稳定的定义是：
"金融稳定是指金融体系处于能够有效发挥其关键功能的状态。在这种状态下，宏
观经济健康运行，货币和财政政策稳健有效，金融生态环境不断改善，金融机构、金
融市场和金融基础设施能够发挥资源配置、风险管理、支付结算等关键功能，而且
在受到内外部因素冲击时，金融体系整体上仍然能够平稳运行。[①]"从中国人民银
行对金融稳定的定义中，可以看出造成金融不稳定的因素主要是内部冲击和外部
冲击。内部冲击主要源自金融系统内部的系统性风险、金融机构发生挤兑、风险扩
散等。而外部冲击则主要来源于货币政策、财政政策等宏观调控政策调整所引发
的金融不稳定。例如，货币政策的宽松程度会带来货币流动性的变化，从而加大了
信贷波动、股票资产作为投资标的的价格波动，当流动性趋紧时，信贷资金的兑付
困境、出于置换流动性而对股票资产的抛售，都将导致市场价格的波动，进而引发
金融不稳定。

股票市场价格的正常波动是资本市场运行的常态化现象，通过股价的波动，既
可以反映宏观经济运行的态势，又可以反应微观企业主体经营的基本面。但投资
者的非理性投机行为、信息披露的滞后性导致的股票市场价格的异常波动，则会对
金融稳定产生负面影响。股票资产作为金融市场的重要组成部分，其价格的异常
波动本身就暗含着金融不稳定的意味，同时股票市场价格的波动，又会通过财富效
应影响投资和消费，波动幅度巨大时会积累市场价格泡沫甚至导致泡沫破裂，从而
引发金融不稳定（如图 3.13 所示）。例如，当股票市场价格上涨时，企业和个人的
财富增加，刺激了投资和消费，股票市场价格不断上涨，资产泡沫开始形成，一旦泡
沫破裂时，企业与个人财富减少，银行信贷无法兑付，银行系统破产风险增加。

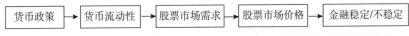

图 3.13　货币政策通过流动性影响股票价格进而影响金融稳定的作用路径

通过以上分析，货币政策调整所带来的货币流动性失衡，对于股票市场价格的
影响通过货币数量论的费雪方程式可以得到解释，当宽松的货币政策使得货币流
动性过剩时，股票资产需求增加，导致股票市场价格上升，当股票市场价格波动剧
烈同时又伴随着投资主体的高杠杆率时，外部冲击导致的流动性变化就会引发市

---

① 中国人民银行，《中国金融稳定报告》[Z].2005.

场价格泡沫破裂,导致金融不稳定。

3.3.3　股票市场价格波动下最优货币政策的选择理论

　　股票市场价格的波动与实体经济的联系越来越密切,股票市场价格的剧烈波动极易引起实体经济的波动甚至威胁金融稳定。那么货币政策应对股票市场价格波动时,应当选择事后补救的适应性货币政策还是事前预警的前瞻性货币政策?适应性货币政策反应是指当股票市场价格的波动威胁到金融稳定或产生严重的负面影响时,货币当局采取措施进行应对。前瞻性货币政策反应是指当股票市场价格的波动超过了预警范围时,货币当局立即采取措施以避免股票价格剧烈波动带来的不良影响。对于最优货币政策反应的选择原则,本节将结合博尔多和珍妮(2002)的模型进行分析。

　　假定市场主体为企业和央行,货币政策会改善或恶化企业的债务危机状况(无法偿还债务),企业的债务危机会引发股票市场价格的波动;货币政策反应类型分为适应性货币政策(事后干预)与前瞻性货币政策反应(事前干预)。股票市场的反应是由生产力的变动引起而非货币政策变动引起。模型分为两个时期:$t=0$ 时期为问题形成期,$t=1$ 时期为问题爆发期。总供给与供需求函数可以表达为:

　　总需求函数:

$$Y_t = M_t - P_t \tag{3.24}$$

　　总供给函数:

$$Y_t = \alpha P_t + \omega_t \tag{3.25}$$

$$Y_0 = -\beta r \tag{3.26}$$

其中 Y_t 代表产出,M_t 代表货币供给量,P_t 代表价格水平,r 代表利率。总供给函数说明总供给与物价水平正相关,其中 ω_t 代表由于企业债务危机形成的供给冲击,它不完全是外生的而是受到企业债务和股票价格的影响。在初始阶段,总产出与利率水平成负相关关系,此时供给冲击为 0,企业债务危机发生在 $t=1$ 阶段。

　　企业是否发生债务危机与企业债务的偿付能力有关。假定企业依靠抵押品获得资金,在 $t=0$ 阶段债务负担为 d,那么 $t=1$ 时期,企业偿还本息和为 $(1+r) \times d$,在这一时期,如果企业想要获得新的融资就必须偿还本息和,或者其抵押品的价值大于上期本息和与本期新债务量之和 $(1+r) \times d + \kappa \leqslant S$,其中 κ 代表新的债务数量,S 代表抵押品价值,也就是说 $S < (1+r) \times d + \kappa$ 时,企业产生债务危机并形成供给冲击,此时 $t=1$ 阶段的宽松货币政策会提升抵押品 S 的价值,$t=0$ 阶段

的紧缩货币政策会改变降低 d 的价值。

前瞻性货币政策反应就是在 $t=0$ 阶段进行货币政策调控以避免下一阶段的债务危机;适应性货币政策则是在 $t=1$ 阶段进行货币政策调控以避免当期的债务危机。

通过以上模型的分析,可以得出最优货币政策选择的判定原则:$t=0$ 阶段的产出损失与 $t=1$ 阶段的债务危机最小化。该原则在现实经济中启示我们在应对股票市场价格波动时,最优的货币政策安排的准则应当是在控制导致股价波动因素的同时,最大程度降低货币政策对产出的影响。

3.3.4　基于马克思劳动价值论视角的理论分析

马克思劳动价值论诞生一百多年以来,资本主义发展变化,社会主义诞生与发展,理论界对于马克思劳动价值论的讨论从未停止,这从不同角度肯定了马克思劳动价值论的科学性和正确性。随着社会不断进步,全球经济呈现许多新特点,尤其是中国在探索社会主义市场经济发展过程中也涌现了许多新问题,这些问题都直接或间接与劳动价值论有关联,那么在新的历史条件下继承和发展马克思劳动价值论不仅对于坚持和发展马克思主义理论体系,而且对于指导我国社会主义建设发展都有重要的理论意义。本文通过对西方经济学的经济增长理论和马克思劳动价值论框架下的价值理论运用数学推导的方式,得出了一致性的结论,证明了科学技术在价值创造中的重要作用,又通过实证分析,采用财政教育投入和财政科技投入作为科学技术的替代变量,得出财政科技投入与经济增长之间存在因果关系,并通过脉冲响应函数动态考察变量影响的时期长短,并据此得出科学技术对财富增长有促进作用的结论。

由于科技发展和知识经济的出现,生产要素的内容逐渐扩展,知识、技术、信息渐渐成为相对独立的生产要素,在生产经营中发挥着作用。同时由于社会需求的增长,信息技术迅速发展融合,对提高劳动生产率、创造社会财富日益发挥着突出作用。因此,科学技术作为独立的要素是否创造价值、如何度量科学技术在价值创造中的贡献等问题,是继承和发展马克思劳动价值论必须给予说明的问题。

西方经济学尤其是宏观经济学中的经济增长理论,对于科技促进经济增长和财富增加的作用给予重视并试图给出说明,但这种说明对于科技在价值和财富创造中的具体作用乃至发挥作用的机制没有给出更深入的阐释,而马克思主义政治经济学的劳动价值论恰恰对此做出了本质性的解释。

　　科学技术是人们在认识世界、改造世界的反复实践中获得的认识与经验的总和,它来源于人们的生产实践和科学实践,是人类劳动特别是脑力劳动的捷径,它本身就具有价值。正是由于科学技术是人类劳动的结果,而不是劳动本身,并不属于劳动范畴,所以其本身是不能创造价值的。不是科学技术本身创造了价值,而是掌握和运用科学技术的人的复杂劳动创造了价值,知识经济的发展和劳动生产率的极大提高,并没有否定而是丰富了抽象劳动创造价值的理论。

　　对于生产商品的劳动生产率与商品使用价值和价值量之间的关系,生产商品的劳动生产率的提高,引起了两个变化:一是对部门内部同类产品而言,劳动生产率的提高,使凝结在单个商品中的劳动量减少了,所以"商品的价值量与生产商品的劳动生产率成反比";二是对整个社会而言,科技的发展使社会分工进一步细化,劳动生产率人大提升,复杂劳动在社会总劳动中所占的比重增加,新产业、新生产部门不断涌现,全社会的劳动总量增加。上述的两种变化,不仅增加了社会财富的数量和种类,还使使用价值总量增加,全社会的价值总量也增加了。那么科技发展使劳动生产力增加,社会财富随之增加也就解释得通了。

　　科学技术在现代经济增长和财富增加中的作用日益凸显,知识和先进技术作为复杂劳动的积累和物化,在生产中代替和节约了活劳动,提高了生产力,表明了技术进步在现代生产中的贡献率越来越大。

　　科学技术在经济增长和财富增加中的作用是有目共睹的,在许多实证检验中,二者的正相关关系也得到了证明,那么是否意味着科学技术直接创造价值、创造财富,要具体分析以下两类情况。

　　一类情况是就同类产品的生产而言,科学技术在作为现实的生产要素之前,只是潜在的生产要素,必须具备两个条件:一是科学技术必须与活劳动相结合,二是科学技术必须与物化的生产要素相结合,只有具备了这两个条件或者其中之一,科学技术才能够促进劳动生产率或者资源使用效率提高,才能够促进经济增长和财富增加。而在实现这两个条件时,科学技术对于经济增长和财富增加的作用又是不同的。当科学技术与活劳动结合促进经济增长和财富增加时,科学技术通过提高活劳动的效率而发挥创造使用价值和价值量的作用。当科学技术与物化的生产要素相结合促进经济增长和财富增加时,科学技术是通过凝结到更具有效率的生产要素中去,从而为价值形成、价值创造提供良好的条件。

　　另一类情况是就全社会商品而言,科学技术的发展和应用,促进了社会的分工和专业化,不仅使劳动者的劳动效率提高,而且使新产品、新部门不断出现,从而促进了全社会经济的增长和财富增加。

总之,强调科学技术在价值创造中发挥重要作用,应当明确创造价值的是人类运用科学技术后的高效率活劳动而不是科技本身,从这个意义上来说,强调科学技术在经济增长和财富增加中的突出作用与强调坚持马克思劳动价值论具有一致性。

3.4　我国股票市场和房地产市场的货币政策调控情况

货币政策是一国央行为了达到经济增长、物价稳定、充分就业等某一个或几个最终目标而运用货币供应量、利率等工具,对宏观经济进行调控的重要手段。近年来随着我国经济发展,货币政策的传导渠道不断完善,货币政策对房地产资产价格、股票资产价格分别产生了不同程度的影响。货币政策的资产价格传导渠道可以分为两个方面的内容:第一方面是货币政策通过利率、货币供给量等中介目标作用于资产价格,第二方面是资产价格传导到实体经济。

房地产市场是我国国民经济的重要组成部分,由于房地产商品价值大,其资产价格波动对企业、居民的资产负债表影响较大,也有一定的金融风险在内。计划经济时期,我国的住房实行分配制度,这对国家财政造成了很大压力,改革开放以后,住房制度改革逐渐推行,允许商品房建设和买卖,房地产买卖市场、租赁市场和土地使用权的转让逐渐规范。20 世纪 90 年代初,对于房地产市场的放开,使得大量投资涌入房地产市场,一度出现房地产开发面积暴增、商品房价格非理性上涨的局面,此时,国家出台政策,遏制房地产市场的过热发展。1998 年亚洲金融危机后,在经济低迷的大背景下,国家再次出台政策,刺激房地产业发展,通过扩大信贷投放、税收政策加大对房地产业的支持力度,在这些政策支持下,房地产业规模和资产价格达到一个急速增长期。同时出现的是房地产市场供需失衡,信贷投放量剧增,为以后埋下了一定的隐患。2008 年全球金融危机后,我国经济受到波及,宏观调控的目标转向以经济增长为主。国家相继出台了一系列"房地产救市"措施,如购房贷款的优惠、对房地产开发的一系列政策支持,在促进房地产业发展的同时,也引入了一部分热钱、游资,但由于资源配置不合理,导致了大量的投机行为。2010 年开始,对于房地产市场的全面调控逐步开展起来,房地产市场的大量库存问题一直饱受关注,政府开始因地施策解决库存问题。2015 年后,供给侧结构性改革进一步深化,国家层面开始抑制房地产市场泡沫,强调房屋的居住属性。

我国的股票市场与发达国家成熟的股票市场相比,首先,从市场参与者构成来看,目前我国股票市场的参与者以个人投资者为主,机构投资者比例较低,个人投资者与机构投资者相比,缺乏专业知识,偏向投机行为,追涨抛跌,极易引发股票市场的暴涨暴跌;其次,我国股票市场的流动性较低,上市股票的可流通数量受限,阻碍了股票市场配置资源的功能。

3.4.1 货币政策对房地产市场的调控

在一般的货币政策框架中,对于物价稳定往往关注的是消费品价格,对于资产价格关注度不够,但恰恰资产价格的变化,尤其是房地产价格的变化暗含着货币币值的改变。房地产作为居民和企业部门的重要资产组成部分,货币政策通过房地产价格传导到实体经济的路径如图 3.14 所示。

图 3.14 货币政策通过房地产价格传导到实体经济的路径

即货币政策当局通过货币政策工具影响房地产价格,进而影响投资与消费,最终传导到实体经济,对物价和产出产生影响,那么这其中包含着两条路径,一是货币政策对房地产价格的影响,二是房地产价格对实体经济的影响。

由于房地产行业是资金密集型行业,从房产的供给侧来看,绝大多数房地产企业进行房地产项目的开发无法完全依靠自有资金来支撑,有相当一部分资金来源是信贷资金;房地产的需求侧,由于房地产这一资产往往价格高,购买方买入房产也需要寻求信贷资金的支持,那么这一行业在供给和需求两端都离不开信贷资金,那么也就顺理成章地受到货币政策的影响。纵观世界各国房地产行业的发展,当货币政策宽松时,房地产开发企业更易获得信贷资金支持,扩大投资,如购房贷款利率的下调,也会释放大量的房地产市场需求,促进房地产消费,最终达到促进经济增长的目标。纵观各国房地产行业发展的历史,房地产行业的快速发展,随之而来的便是房地产泡沫和金融风险的累积,严重时甚至引发金融危机。

货币政策对房地产资产价格的影响利率渠道传导最为敏感,当货币政策趋紧时,利率上升,对于依靠信贷资金进行房地产开发的企业,融资成本上升,进而房地产投资项目成本上升,这会直接导致房价的上升,同时,房地产企业也会相应控制项目投资规模,减缓新建项目推进,使得房地产市场供给降低。

央行对于货币供给量的调控也同样会传导到房地产市场,如央行通过公开市场业务、再贴现及存款准备金政策缩减货币供给量时,商业银行可用于贷款的资金量就会缩减,房地产企业获取贷款的难度增加,从另一个角度,购房者获取贷款的难度极大,房地产市场需求下降,房价降低。

3.4.2　货币政策对股票市场的调控

股票市场作为金融市场的重要组成部分,承担着企业筹资渠道、优化配置社会资金、完善企业经营管理等功能。从第二章的分析可知,货币政策是可以通过股票市场传导到实体经济的,通过托宾 Q 学说,企业和居民的资产负债表理论都可以得到货币政策同股票资产价格传导的路径(如图 3.15 所示)。

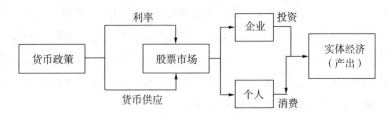

图 3.15　货币政策同股股票资产价格传导路径

货币政策操作往往通过利率影响投资和消费,进而传导到实体经济,同时货币政策也可以通过对股票市场的影响来传导到实体经济。从理论上讲,股票价格等于股息与利率的比值,从这个角度来看,货币政策对股票市场最直接的影响便是通过利率实现,货币政策通过影响企业的融资成本、现金流量等,对股价产生影响。例如,当央行通过再贴现率政策作用于利率,进而影响信贷规模时,当利率下调,企业的融资成本下降,从而现金流丰富,在股票市场构成利好消息,会推动股票价格的上涨。所以货币政策调整对股票市场的影响,一方面是通过利率、货币供给量来调整资金的流动方向,另一方面是通过政策的调整改变人们的预期,但就现实情况看来,中国的股票资产价格受货币政策影响远没有达到理论预期,这与我国对金融市场的监管程度有一定关系。从股票市场的需求方进行分析,利率变动会引起与利率变动方向一致的金融产品收益产生同向变动,如当利率提高时,债券类产品的收益会提升,投资者相对于股票会将资金更大比例地投向债券产品,此时也会引起股票相对价格的下降。对于使用杠杆进行股票投资的投资者,利率的提高会增加融资成本,这一部分投资者的股票需求下降,进而引起股票价格的下跌。现实经济运行中,股票市场与利率的关系远比理论上复杂得多,政策不确定性因素更多,本章的实证部分将会选取一个角度进行验证。从 2005—2019 年,利率与货币供应量的变化与股票资产价格的变化看,货币供给量与利率的变动对股票市场有影响,上证指数较高时,利率处于低位,反之上证指数较低时,利率处于高位,并且上证指数度与利率的反应稍显滞后,这种影响在近年来逐渐加强。可以初步判定货币政策对股票市场的传导机制是存在的,但还受到很多复杂因素的影响。

股票价格的变动传导到实体经济,主要通过托宾 Q 学说、资产负债表渠道实现。

(1)托宾 Q 学说传导

托宾 Q 学说对于货币政策传导机制的意义在于它阐明了货币政策如何作用于资产价格,进而传导到投资和实体经济。托宾 Q 是企业市场价值与资产重置成本的比值,这里企业的市场价值可以用股票市场的市值来衡量。当 Q 值大于 1时,企业的市场价值大于重置成本,这时,企业倾向于通过发行股票来投资,企业投资增加,最终传导至产出增加。当 Q 值小于 1 时,企业的市场价值小于重置成本,企业倾向于直接购买其他较便宜的企业来实现扩张,而不会去发行新的股票,投资需求下降,最终总产出下降,传导过程如下所示:

货币政策(货币供应量)→利率→股票价格→投资→产出

(2)资产负债表渠道

资产负债表渠道是货币政策通过影响企业和个人的资产价值,对其信贷可得性产生影响,最终传导到投资与消费,进而影响总产出。

对于企业,宽松的货币政策使得利率上升,此时股票价格下跌,企业市值下降,资产负债表恶化,同时利息上升,企业需要支付给信贷提供方的利息增加,占用了现金流,企业的资产净值降低,可用于获得信贷资金的抵押价值下降,从而信贷资金可得性降低,进而减少投资;居民部门的传导渠道类似:

货币政策→利率→股票价格→信贷可获得性→投资(消费)→产出

股票价格的变动对于投资的影响是极其有限的,目前,我国企业主要的融资方式还是以银行信贷为主的间接融资,因而股票价格的上涨并未能直接引起投资量的同步上涨,我国的资本市场目前还受到较为严格的政策管控,注册制尚未完全落地,准入门槛较高,有相当数量的企业无法利用二级市场进行融资。此外,上市公司通过股票市场进行融资,并非全部用于再投资项目,有些企业将融得的资金投向金融市场,为金融市场的泡沫埋下隐患,这样一来股票价格的变动就不能如托宾 Q 理论般影响投资,这也从侧面印证了我国股票市场尚不完善,股票价格对投资的传导渠道不畅。

股票资产价格对消费的影响并不显著,一方面是由于我国股票市场总量有限,股票作为资产配置的一种选择,并未占据我国投资者家庭资产的较大比重;另外,我国本身是一个高储蓄率的国家,居民倾向于将大部分资产分配于储蓄、房产,由此见得我国股票资产价格变动对于消费的影响也是十分有限的。

3.5　影子银行对货币政策的影响

近年来,随着我国金融市场化进程的不断推进,金融脱媒现象愈发明显,即资金的供求双方开始绕开金融中介而发生的融资行为。这其中,影子银行的快速发展,对商业银行的业务造成了冲击,对于货币政策的传导机制也产生了极大影响。

金融稳定理事会(FSB,2011)认为,影子银行体系是指不受银行监管体系监管与掌控的一切信用中介,隐含着系统性风险和监管套利的潜在难题。中国影子银行业务的快速发展,有赖于金融工具的不断创新,这确实为众多的中小企业解决了融资难题,但是其负面影响也是不可避免的,高杠杆率、缺乏统一严谨的风险控制体系,都为金融领域埋下了潜在的风险。

影子银行对货币政策有效性的影响主要还是通过对货币供应量的数量影响体现出来,一方面表现在对存款准备金的影响,另一个方面表现为对货币供应量测度的影响。

3.5.1　对于存款准备金率的影响

影子银行提供的信托贷款、理财产品等表外业务,收益率往往高于商业银行的存款利率,投资者倾向于将存款投入影子银行体系以期获得高额投资回报,从而使得商业银行的存款降低,降低了商业银行的超额准备金率,这会扩大货币乘数,从而增加货币供给,扭曲货币政策的初衷,加大货币政策调控的难度。

3.5.2　对于货币供给量可测度性的影响

由于影子银行可以利用政策漏洞规避货币当局的监管,导致相当一部分资金运行在央行的监控之外,如小额贷公司、担保公司等在实际运行过程中运行着正规商业银行的业务,商业银行的表外业务也使得大量的资金游离在银行体系之外,这使得央行对于货币供给量的统计与监测难度大大提升,削弱了货币政策的执行效果。

影子银行作为金融创新的一种形式,尽管有种种潜在的风险,但在现实运行过程中对社会融资的作用是不可否认的。那么在分析货币政策的传导机制与政策效果时,应当充分考虑影子银行的作用。从货币政策传导机制角度,应当将社会融资规模纳入中介目标,这对于货币供给量的测度是一种有效的补充,对于货币政策调控的有效性也有着极大的促进作用。本书实证分析中,充分考虑了影子银行对于货币政策传导机制的影响。影子银行对于股票资产价格的波动有显著影响。通过文献梳理和现实分析,发现近年来金融脱媒背景下影子银行规模的不断扩大,对多余货币供应量的可测度性造成了严重的影响,为了进一步探究影子银行对于资产价格的影响,进行了实证分析。考虑到既往研究中对于影子银行对房地产市场的影响的文献比较多,影子银行规模对于股票市场的影响方面的研究较少,因而选择了股票市场的融资融券作为影子银行的代理变量,进行实证分析,结果证实融资融券对股票资产价格的暴涨暴跌有显著影响,那么在考察货币政策对股票资产价格的影响时,对于货币供应量的测度范围要扩大,要充分考虑到影子银行的影响。

3.6　实证分析——货币政策对股票资产价格波动的影响

股票资产价格受到市场供求的影响,我国的货币政策对于股票资产价格的影响是通过对信贷资金的供给、投资者的收入水平,来调节资产的供给与需求,进而影响股票资产价格的。投入股票市场的资金几乎不受地域限制,相同的货币政策应用于经济发展和开放程度不同的地区,政策效果也不尽相同,股票市场同样也受到居民可支配收入、经济发展程度的影响。对于模型的构建,在冯雷(2016)设定的货币政策对资产价格影响的模型基础上,引入股票资产价格,采用省际面板数据分别考察货币政策对股票资产价格的影响。

$$\begin{aligned} \mathrm{APGR}_{it} = {} & \alpha_0 + \alpha_1 \mathrm{APGR}_{i(t-1)} + \alpha_2 M_2 R_{i(t-1)} \\ & + \partial_3 \mathrm{EOL} + \partial_4 \mathrm{FDL} + \alpha_5 Y_{it} + \alpha_6 \mathrm{SB}_{it} + \varepsilon_{it} \end{aligned} \tag{3.27}$$

$$\begin{aligned} M_2 R_{it} = {} & \beta_0 + \beta_1 \mathrm{APGR}_{it} + \beta_2 M_2 R_{i(t-1)} + \beta_3 \mathrm{EOL} \\ & + \beta_4 \mathrm{FDL}_{i(t-2)} + \beta_5 \mathrm{GR}_{it} + \beta_6 \pi_{it} + \beta_7 \mathrm{SB}_{it} + \varepsilon'_{it} \end{aligned} \tag{3.28}$$

$APGR_{it}$ 是资产价格的代理变量,用股票价格增长率来表示,该变量随时间变化而变化;货币政策的代理变量用 M_2R_{it} 表示(广义货币供应的增长率);地区经济开放程度则用 EOL_{it} 表示,用各省的进出口总额与 GDP 比值来衡量;FDL_{it} 代表信贷可获得水平,采用的是新增信贷总额与 GDP 之比;DPI_{it} 是各地区居民收入的代理变量,这里选用可支配收入衡量;GR_{it} 是各省的经济增长率,用 GDP 的增长率表示;π_{it} 是各省的通货膨胀率,用 CPI 同比增速来表示;SB_{it} 是影子银行规模增长率(本书采用的是社会融资规模存量)。由本章的描述分析发现货币政策对于股票资产价格的影响存在一定的时滞性,因此货币政策的代理变量采用了滞后阶;在3.28式中将经济增长率和通货膨胀率的代理变量均作为控制变量,这是出于对货币政策目标的考量。结合文献分析,影子银行在我国对货币政策和资产价格的影响是不可忽视的,因此在 3.27 式和 3.28 式中纳入了影子银行规模代理变量。3.27式中,参数 α_2 反映了货币政策对股票资产价格的影响;3.28 式中参数 β_1 反映了股票资产价格对货币政策的影响。本章 GDP 与其余变量的增长率分别用季度增长率来表示。在表 3.1 中对所用到的变量进行了说明。

表 3.1　所用变量说明

变量名	含义
$APGR_{it}$	各省的股票价格增长率
M_2R_{it}	广义货币供应的增长率
EOL_{it}	地区经济开放程度
FDL_{it}	信贷可获得水平,采用的是新增信贷总额与 GDP 之比
DPI_{it}	城镇居民累计可支配收入增长率
π_{it}	CPI 同比增速来表示
SB_{it}	影子银行规模增长率
GR_{it}	GDP 的增长率表示

通过本章前两节的分析结合我国股票资产价格与货币政策现实情况,从简单的相关分析可以假定股票资产价格与货币政策之间存在相关关系,但是上述股票资产价格与货币政策关系的实证模型也有存在内生性问题的可能。货币政策的目标是"经济增长和物价稳定",但是前文也分析过,股票资产价格的波动也极有可能传导到实体经济,对物价水平和产出造成显著冲击,进而影响央行对于货币政策的决策框架安排,内生性的问题就不可避免。本章要解决的问题是探究货币政策对资产价格的传导效果,所以 3.28 式的内生性不会对研究目标和结论产生决定性影

响,但必须对 3.27 式的内生性进行检验。内生性问题的处理,本章借鉴冯雷 (2006)的做法,对解释变量进行豪斯曼内生性检验结果显示 $P<0.05$,存在内生变量。随后,选择工具变量法来解决内生性问题。使用 GMM(广义矩估计),将滞后一阶的解释变量选定为工具变量加做一组静态面板的检验,用与动态面板模型进行对比分析的方法消除模型的内生性问题。

本章采用的是 30 个省的面板数据进行分析,选取 2003—2017 年 30 个省(自治区、直辖市,除西藏、台湾)的数据作为样本进行分析。数据来自 Wind 和中经网数据,以上数据均为省际面板数据。影子银行规模数据未采用省际数据的原因,是因为影子银行没有严格的区域限制,是一个全国性的指标,由于滞后阶数技术处理,最终选定 2003 年 1 季度至 2019 年 4 季度的省际季度面板数据进行实证分析。经过增长率处理后,最后实际样本包含 30 个省(自治区、直辖市,除西藏、台湾) 2004 年 1 季度至 2019 年 3 季度。

从表 3.2 的描述性统计数据可以看出,研究对象中的 30 个省(自治区、直辖市)在 2003 年 1 季度至 2019 年 3 季度的经济发展状况。从经济增长率来看,均值 15.01% 与中位数 14.56% 差距很小,这说明我国经济增长较为稳定;同样呈现稳定增长的还有货币供应量、通胀水平和城镇居民收入水平;可以看到股价增长率为负值,这与我国今年来股票市场的实际情况吻合。

表 3.2　描述统计

变量	Mean	Std.Dev.	Median	Skewness	Kurtosis
股价增长率(%)	−0.12	13.30	−0.81	2.60	24.22
货币供应量增长率(%)	14.67	7.16	13.90	0.40	2.50
经济开放度(%)	37.66	66.39	15.13	8.95	140.92
金融发展水平(%)	16.96	59.47	6.83	11.94	164.66
城镇居民收入(%)	11.05	4.49	10.14	0.30	10.67
通货膨胀率(%)	2.89	2.20	2.42	0.76	4.28
经济增长率(%)	15.01	8.45	14.56	0.58	6.25
影子银行规模增长率(%)	21.96	40.67	8.98	0.73	2.64

本节将运用平衡面板数据模型来对整体省际面板数据进行实证分析。平衡面板数据模型可能出现伪回归的情形,因而首先对模型中的各省际面板数据进行面板单位根检验,针对全国性时间序列数据——广义货币供应量增长率和影子银行规模增长率两个变量进行 ADF 平稳性检验,从检验结果可以看出,无论是省际面

板数据组的变量,还是两个全国性时间序列变量都在 10% 显著性水平下均拒绝了原假设:各省数据和全国数据序列都是平稳的(详见表 3.3)。

表 3.3　平稳性检验结果

变量	Fisher-ADF 统计量	P 值	变量	LLC 统计量	P 值
股价增长率(%)	−9.573	0.000	股价增长率(%)	−0.316	0.000
经济开放度(%)	−8.561	0.000	经济开放度(%)	−0.423	0.085
金融发展水平(%)	−34.334	0.000	金融发展水平(%)	−1.088	0.000
城镇居民收入(%)	−11.819	0.000	城镇居民收入(%)	−0.695	0.000
通货膨胀率(%)	−13.081	0.000	通货膨胀率(%)	−0.425	0.000
经济增长率(%)	−8.150	0.000	经济增长率(%)	−0.356	0.000
变量	ADF 统计量	P 值	变量	ADF 统计量	P 值
M1R	−3.889	0.0126	SB	−5.065	0.000

本书选取了 30 个省(自治区、直辖市),包含了经济发展程度和开放度各不相同的样本数据,基本能够反映全国的情况,理论上可以考虑采用固定效应模型进行分析,为了增加分析的准确性,先设定为随机效应模型,对随机效应模型的回归结果进行豪斯曼检验,用于确定模型是用固定效应模型还是随机效应模型。对因变量进行豪斯曼检验结果(见表 3.4)显示在 5% 显著性水平下拒绝原假设,最终确定使用固定效应模型进行回归分析。

表 3.4　豪斯曼检验结果

	模型	Chi-sq.statistic	Chi-sq.d.f.	P 值
股票市场	4.1	10.92	4	0.0275
	模 4.2	8.19	4	0.0000

对于股票市场的分析,使用系统广义矩计法(GMM)对股票市场的动态面板模型和静态面板模型进行估计,将常量和解释变量的滞后一项选定为工具变量,对工具变量进行过度识别检验,结果显示接受原假设,所有工具变量都是外生的,所选工具变量是有效的。估计结果显示(见表 3.5),在动态面板模型中,5% 显著性水平下 α_2 大于零,在静态面板模型中 α_2 在 1% 显著性水平下大于零,综合两个估计结果看,当实行宽松的货币政策时,股票价格增长速度较快;当货币政策趋紧时,股票价格会出现下跌现象。在静态面板模型中,α_3 不显著,在动态面板模型中,α_3 在 5% 显著水平下显著,这说明经济开放程度(EOL)对股票价格的变动并没有显著的影响,这种结果是由我国对于资本市场尚未完全开放导致的,目前我国资本项目尚

未完全开放,境外资金想要进入中国股票市场,只能通过沪港通、深港通以及 QFII (合格境外投资者)几种方式,这几种渠道无一例外对投资额都有着直接或间接的限制,所以我国股票市场上的流动性基本源自国内,因而经济开放程度对股价增长率的影响不显著。在静态面板模型中,α_4 在 10% 显著性水平下显著,在动态面板模型中不显著,这说明信贷可得性越高的地区,股票价格增长率越高,信贷可得性高说明该地区金融自由度高,股票市场投资者可以较为容易地获得资金支持投向股票市场,带动股票资产价格的增长。另一方面,信贷可得性高的地区,企业更容易获得资金支持、扩大投资,这反映在股票的"基本面",从而带动股票价格增长。这也是金融市场对实体经济正向影响的一种印证。α_5 在动态模型面板为通过显著性检验,说明我国居民收入变量还未成为驱动股票价格上涨的关键因素,这与前几章的分析结果也比较一致,股票作为一种资产,在我国居民的家庭资产配置中所占比重并不高,因而收入水平的变动对于股票价格的影响甚微。α_6 在静态面板模型中在 1% 的显著性水平下大于零,在动态面板模型中在 5% 显著性水平下大于零,说明影子银行规模的扩大会加速带动股票价格上升。这一结果与现实情况的推论同样具有一致性。在本书后面的章节会进一步分析影子银行对股票资产价格影响,证实影子银行的一部分资金并没有流入实体经济,而是投入了证券市场。

表 3.5 面板估计结果

系数	静态面板	动态面板
α_0	-8.185	-5.780
	0.288	0.176
α_1		0.709^{***}
		0.000
α_2	0.118^{***}	0.062^{**}
	0.000	0.043
α_3	0.004	0.004^{**}
	0.387	0.012
α_4	0.005^{*}	0.003
	0.092	0.388
α_5	0.062^{*}	0.037
	0.082	0.208
α_6	0.030^{***}	0.021^{**}

续表

系数	静态面板	动态面板
	0.000	0.012
N	1650	1650
R-sq	0.601	0.955

legend：* $p<0.1$；** $p<0.05$；*** $p<0.01$。

3.7　实证分析——股票资产价格波动对货币政策的影响

通过表 3.6 可以看出，β_1 在动态面板和静态面板中都不显著，这说明股票价格波动对货币政策影响并不显著，这与我国现实情况相符，股票资产价格没有纳入物价指数体系中，货币政策的制定也没有关注股票价格，因而股票价格的波动不会对货币政策造成冲击。β_3 在动态面板和静态面板中都不显著，说明经济开放程度对货币政策没有影响，这与我国央行保持货币政策的独立性的现实情况是吻合的。β_4 在动态面板模型中显著且系数较小，说明金融发展水平对货币政策影响较小。在两个面板模型中 β_5 都在 1% 的显著性水平下为正，说明经济增长对货币政策有显著影响。通货膨胀指标在两个模型中分别在 5% 和 1% 的显著性水平下为负，说明通胀水平越高，货币政策会随之趋紧，这与货币政策以维持物价水平稳定为最终目标相一致。影子银行规模在两个面板中都显著为负，说明影子银行规模与货币政策呈反向变动。综上分析，可以看出，股票价格波动对于货币政策（广义货币供应量增长率）的影响较小。

表 3.6　股票市场静态面板与动态面板结果参照

系数	静态面板	动态面板
β_0	10.707^{***}	8.4935556^{***}
	0.000	0.000
β_1	-0.041	-0.013
	0.143	0.274
β_2		$.927^{***}$
		0.000
β_3	-0.003	0.001
	0.376	0.140

续表

系数	静态面板	动态面板
β_4	.002*	.004*
	0.060	0.072
β_5	1.133***	1.074***
	0.000	0.000
β_6	−.117**	−.030***
	0.032	0.000
β_7	−.067***	−0.849***
	0.000	0.000
N	1650	1650
R−squared	0.688	0.959

legend：* $p<0.1$；** $p<0.05$；*** $p<0.01$。

估计结果如表3.7所示,这与面板模型估计的结果比较吻合。货币政策的变动对股票资产价格的影响显著,确切地说,当货币供应量的增速提高1％时,股票价格增长率提升0.128％;反之股票资产价格波动对于货币政策的影响并不显著,说明股票价格波动在货币政策制定过程中没有受到特别关注,这一结论并不意味着股票资产价格波动对货币政策的最终目标没有影响,本书第四章将就股票资产价格对货币政策目标的影响展开更为深入的研究。

表3.7 资产价格波动与货币政策的相互影响

货币政策对资产价格波动的影响		资产价格波动对货币政策的影响	
系数	股票市场	系数	股票市场
α_0	−8.470	β_0	6.54***
	0.154		0.000
α_1	1.217***	β_1	−0.012
	0.000		0.269
α_2	0.128***	β_2	.927***
	0.000		0.000
α_3	0.004**	β_3	0.001
	0.019		0.172

续表

货币政策对资产价格波动的影响		资产价格波动对货币政策的影响	
α_4	0.028	β_4	$-.004^*$
	0.476		0.081
α_5	0.231	β_5	1.130^{***}
	0.307		0.000
α_6	0.023^{**}	β_6	$-.030^{***}$
	0.012		0.000
		β_7	-0.732^{***}
			0.000
N	1650	N	1650
R-squared	0.743	R-squared	0.921

legend：$^*\ p<0.1$；$^{**}\ p<0.05$；$^{***}\ p<0.01$。

表 3.7 显示，经济增长、通货膨胀变量和影子银行规模变量在股票市场模型中，对货币政策有显著影响。我国经济的崛起和快速增长，伴随着金融领域资金供求的失衡，在银行金融机构无法匹配经济过热催生的大量资金需求时，资金供求的失衡加速了影子银行的快速发展。2008 年全球金融危机后，我国政府为克服危机影响，刺激经济发展采取了一系列调控措施，伴随着物价水平攀升，为应对通胀，央行又连续多次提高存款准备金率，收缩信贷规模。面对货币当局监管收紧和庞大的资金需求，银行金融机构选择了表外业务追求高额利润。从融资主体的角度看，受到信贷政策限制的中小企业难以从银行体系获得资金，不得不选择灵活且限制相对宽松的影子银行。近年来影子银行规模的扩大，对货币政策调控效果的影响增大，接下来将运用实证分析，考察了影子银行对于股票资产价格的影响。

3.8　实证分析——影子银行对股票资产价格的影响

影子银行不同于商业银行，其不受或仅受较低程度的存款准备金制度的约束，如委托贷款、银行理财、信托等。从理论上分析，影子银行的存在，在一定程度上会影响货币政策的信贷传导机制，商业银行通过表外业务，将一部分存款流入影子银行系统中，商业银行体系内存款减少，放大了货币乘数，增加了货币供给,此时货币供给量这一指标可靠性大大下降,货币政策效果降低。根据影子银行的定义和我国具体信用中介活动,通过三个渠道,即银行渠道、非银行金融机构渠道、非金融机构渠道划分影子银行的类型,主要包括银行理财产品、未贴现银行承兑汇票、委托贷款、信托业务等中介业务以及小额贷款公司、融资性担保公司、典当行等金融机构,本书是从这些中介活动可以提供信用的角度出发来统计影子银行规模的。

影子银行对货币政策有效性的影响在已有研究中已经得到证实:江世(2019)通过实证分析发现,影子银行作为监管之外的类商业银行部门,其存在大大降低了货币供应量的可测度性,降低了货币政策的效果。李小瑜(2014)分析了影子银行的信用创造功能对我国货币政策传导机制的影响,影子银行分别通过信贷渠道和资产负债表渠道,对我国货币政策效果造成不同程度的削弱,由此提出把社会融资规模纳入货币政策调控工具的必要性。

金融稳定委员会(FBS)在《2015 年全球影子银行监测报告》中对狭义的影子银行做了进一步阐释:常规银行体系之外,由于期限错配、高杠杆而导致系统性风险和监管套利等问题出现的信用中介,主要表现在货币市场基金、资产证券化、融资融券交易等。在对股票资产价格的研究中,把融资融券交易制度作为影子银行体系的一个代理变量,分析其对我国股票市场的影响,是以往的研究中所没有过的视角,本节将从这一视角切入进行分析。

股票市场一直是备受关注的热点,不仅因为其对投资者的利益有着直接的影响,更因为股票市场的平稳发展对经济发展起到了重要的作用。然而,股价异常波动,尤其是股价暴跌风险严重影响了股票市场的有序发展,也暴露出现有市场机制下的问题。我国股市一直具有"牛短熊长、暴涨暴跌"的特征,距今最近的一次股价暴跌现象出现在 2015 年 A 股股灾后,即 2018 年 6 月 19 日千股跌停,沪市一度跌破 2900 点[①],随着股票市场的不断发展和完善,成熟的交易制度的引入已成为大势所趋。2010 年 3 月 31 日,我国融资融券交易制度正式启动,投资者可以提供一定的担保或支付一定的费用进行交易,并在约定期内归还借贷的资金或证券,这一制度同时引入了杠杆交易与卖空机制,标志着我国 A 股市场"单边市"时代的结束。与其他制度相同,我国融资融券制度的实施也经历了"先试点,后推广"的漫长过

---

① 数据来源:东方财富网统计数据。

程，2010 年启动时仅仅允许 90 只标的股票进行融资融券交易[①]，经过五次扩容后，截至 2019 年底，已有 1098 只股票纳入两融交易标的[②]。但是在实际操作层面，自 2010 年两融交易机制开通以来，无论是在交易规模还是交易活跃度上，融资交易都远远超越了融券交易，二者的发展呈现出极大的差距。

从理论上看，融资融券制度的实施，尤其是卖空机制的引入，能够起到套期保值、稳定市场、价格发现和提供流动性的作用，但另一方面，融资融券交易本身具有杠杆效应，可能引起投资者的收益或损失放大，买入抛售更加频繁，加剧市场投机氛围，从而加剧股市波动，放大股价暴跌风险。由于我国融资融券制度同时推行，可融券交易的证券同时也可进行融资交易，融资融券交易的"助跌效应"可能会明显强于"助涨效应"，加剧股价暴跌风险。这是由于我国两融政策开通后，融资融券交易体量与活跃程度一直呈现"跛足"现象，融资交易的发展已经远远超过了融券交易（见图 3.16）。这一方面是由于占据我国市场主体的散户投资者更倾向于参与杠杆融资交易，而避免从事不擅长的融券卖空交易，另一方面也与我国两融交易门槛的设置有关。

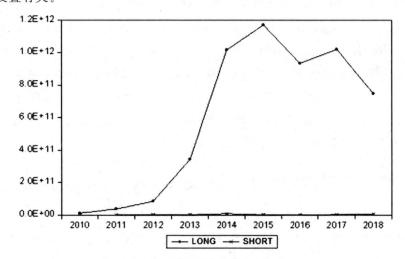

图 3.16　我国融资融券交易余额变化（元）

数据来源：根据 Wind 数据库数据编制

①　②数据来源：中国证券登记结算有限公司 2010 年年度报告。

其中 LONG 表示融资交易余额,SHORT 表示融券交易余额。融资余额指未偿还的融资总金额,融券余额指融券卖出与买进还券间的差额,数值越大,说明融资交易与融券交易量越大,交易越活跃。

(1)模型及数据

融资融券交易的假设内容如表 3.8 所示。

表 3.8　假设内容

假设	内容
1	融券交易抑制股价暴跌风险,融资交易放大股价暴跌风险
2	纳入融资融券标的的股票价格波动较小,股价暴跌风险较低。
3	两融交易放大股价暴跌风险
4	股价暴跌风险随时间对股价暴跌影响程度不同

被解释变量:负收益偏态系数 NCSKEW 和收益波动比率 DUVOL 作为股价暴跌风险的代理变量,衡量个股股价暴跌风险。

首先,利用公司 i 的周收益率数据进行如下式的回归:

$$r_{i,s} = \rho_0 + \rho_1 r_{M,s-2} + \rho_2 r_{M,S-1} + \rho_3 r_{M,S} + \rho_4 r_{M,S+1} + \rho_5 r_{M,S+2} + \varepsilon_{i,s} \quad (3.29)$$

其中,$r_{i,s}$ 表示公司 i 的股票在第 s 周的收益率,$r_{M,S-2}$、$r_{M,S-1}$、$r_{M,S}$、$r_{M,S+1}$、$r_{M,S+2}$,S 分别表示滞后与超前项的市场加权平均收益率,以控制非同步交易的影响。令 $W_{is} = \ln(1 + e_{i,s})$ 表示个股 i 在第 s 周的特定收益率,其中 $e_{i,s}$ 为式(3.29)中的残差项,表示个股收益中未被市场收益所解释的部分。基于以上分析构建变量负收益偏态系数 NCSKEW 与收益波动比率 DUVOL 如下:

$$\text{NCSKEW}_{i,t} = \frac{-\left[n(n-1)^{3/2} \sum W_{i,t}^3\right]}{\left[(n-1)(n-2)\left(\sum w_{i,t}^2\right)^{3/2}\right]} \quad (3.30)$$

其中,n 表示股票 i 在第 t 年的交易周数,NCSKEW 的数值与股价崩盘风险正相关,即 NCSKEW 数值越大,则偏态系数负向程度越严重,股价崩盘风险越大。

$$\text{DUVOL}_{i,t} = \ln\left\{\frac{\left[(n_{up} - 1) \sum_{down} W_{i,t}^2\right]}{\left[(n_{down} - 1) \sum_{up} W_{i,t}^2\right]}\right\} \quad (3.31)$$

其中,n_{up} 和 n_{down} 分别表示股票 i 的特定周收益率 W_{is} 大于和小于第 t 年收益率均值 W_i 的周数,DUVOL 数值越大时,说明收益率分布左偏,个股价格崩盘风险大。

解释变量:本书的主要解释变量有虚拟变量 LIST 代表融资融券标的公司、融资融券政策开通的虚拟变量 POSTLIST 及融资融券交易的标准化变量。①融资融券标的公司虚拟变量 LIST：用于区别纳入两融标的的个股与非标个股的特征，若公司股票在样本期间为融资融券标的，即为 1，否则为 0。②融资融券政策开通虚拟变量 POSTLIST：时间虚拟变量，用于区别个股融资融券交易开通与否，公司进入融资融券标的后的年度取为 1，否则为 0。③融资融券交易量标准化变量：为了进一步考察影响公司股价暴跌风险的因素具体是融资交易还是融券交易，本书在回归中引入融资交易量 $long_{i,t}$ 与融券交易量 $short_{i,t}$ 分别表示个股 i 第 t 年融资买入额与融券卖出额，n 为个股 i 所在行业第 t 年的样本值个数，由于实际交易中，融资交易规模远大于融券交易规模，因此采用如下方式将上述变量标准化得到如下代理变量：

$$short\_standard_t = \frac{short_{i,t} - \dfrac{\sum\limits_n short_{i,t}}{n}}{\dfrac{\sum\limits_n short_{i,t}}{n}} \tag{3.32}$$

$$long\_standard_t = \frac{long_{i,t} - \dfrac{\sum\limits_n long_{i,t}}{n}}{\dfrac{\sum\limits_n long_{i,t}}{n}} \tag{3.33}$$

控制变量：公司个股周平均收益率、个股周收益率、市值账面比、资产负债率、总资产收益率、公司规模、行业与年份等，具体变量选择汇总于表 3.9。

表 3.9 变量定义汇总

变量类型	变量符号	变量描述
被解释变量	NCSKEW	负收益偏态系数
	DUVOL	收益波动比率
解释变量	LIST	融资融券标的公司虚拟变量，若公司股票在样本期间为融资融券标的，则即为 1，否则为 0
	POSTL	时间虚拟变量，公司进入融资融券标的后的年度取为 1，否则为 0
	Short_standard	融券交易量标准化变量
	Long_standard	融资交易量标准化变量

续表

变量类型	变量符号	变量描述
控制变量	W	个股的周平均收益率
	SIGMA	个股周收益率标准差
	MB	公司市值账面比
	LEV	公司资产负债率＝总负债/总资产
	ROA	公司总资产收益率＝净利润/总资产
	SIZE	公司规模,即公司资产的自然对数
	YEAR	年度变量,控制年份差异
	INDUSTRY	行业变量,控制行业影响

考虑到我国股票价格的历次暴涨暴跌现象分布在 2006—2015 年之间,上交所和深交所于 2010 年 3 月 31 日起正式开通融资融券交易系统,因此本书选取的是 2006 年 1 月 1 日至 2018 年 12 月 31 日我国沪深两市上市公司 A 股股票的交易数据,通过建立双重差分模型检验融资融券政策的开通对 A 股上市公司股价暴跌风险的影响,其中剔除了证监会行业分类(2012 版)中金融类公司样本及 ST、PT 公司样本,共得到 3439 个公司的 44707 个初始年度观测值。

数据来源上,除融资融券标的调整情况由沪深交易所公告手动整理而得,其他数据均来自 CSMAR 数据库。在计算股价暴跌风险指标负收益偏态系数 NCSKEW 和收益波动比率 DUVOL 时,剔除了个股全年交易周数小于 30 周的观测值,剔除了部分缺失变量的观测值。为排除极端值的影响,对所有变量做 5% 的 Winsorize 处理,最终得到 21896 个年度观测值。

我国的融资融券制度设计有一个很关键的特点,即交易标的可以同时进行融资与融券交易,融资交易通过利用杠杆反映投资者对标的股票的乐观态度,提高交易的活跃性,而融券交易则可反映投资者对标的的悲观态度,通过卖空交易压低股票价格,使其价值回归基本面。为了验证假设 1,本书从融资交易与融券交易的交易量角度出发,通过回归分析融资与融券对公司股价暴跌风险的作用。其中为了避免融资融券交易量对比悬殊对结果的影响,将二者分别进行了标准化处理,使其处于同一个量级,回归中同样控制了行业与年份固定效应:

$$
\begin{aligned}
\text{crashirisk}_{i,t+1} =\ & \alpha + \beta_1 \text{LIST}_{i,t} + \beta_2 \text{Short\_standard}_{i,t} \\
& + \beta_3 \text{long\_standard} + \gamma \text{CONTROL} \\
& + \text{YEAR} + \text{INDUSTRY} + \varepsilon_{i,t}
\end{aligned}
\tag{3.34}
$$

其中 Crashrisk$_{i,t+1}$ 表示个股 i 在时间第 $t+1$ 期的股价暴跌风险,在具体回归中,本书分别用上述计算的负收益偏态系数 NCSKEW$_{t+1}$ 和收益波动比率 DUVOL$_{t+1}$ 作为被解释变量的代理变量,以衡量个股股价暴跌风险。变量 short_standard$_{i,t}$ 和 long_standard$_{i,t}$ 的回归系数则分别反映了融资交易量与融券交易量对股价暴跌风险的影响,若其取值为正,则说明融资交易量(融券交易量)越大,股价暴跌风险越大,反之股价暴跌风险越小。CONTROL$_{i,t}$ 的回归系数则反映了其他控制变量与股价暴跌风险的关系,这些控制变量包括了市场层面与公司层面,对股价暴跌风险产生的一定的影响。

对假设 2 至假设 4 的验证需要运用双重差分模型检验融资融券政策的实施与股价暴跌风险的关系,其中被解释变量选取未来一期的股价暴跌风险代理变量 cashrisk$_{i,t+1}$,控制行业与年份固定效应,得到回归模型如下:

$$
\begin{aligned}
\text{Crashrisk}_{i,t+1} = {} & \alpha + \beta_1 \text{LIST}_{i,t} + \beta_2 \text{POSTLIST} + \gamma \text{CONTROL}_{i,t} \\
& + \text{YEAR} + \text{INDUSTRY} + \varepsilon_{i,t}
\end{aligned}
\tag{3.35}
$$

(2)实证结果及分析

假设 1 得到验证,但不能通过显著性检验(如表 3.10 所示)。

表 3.10　融资融券交易量与股价暴跌风险回归分析

VARIABLS	(1)	(2)
	NCSKEW$_{t+1}$	DUVOL$_{t+1}$
POSTLIST$_t$	$-.0001$	$-9.91e-06$
	(-0.83)	(-0.82)
LIST$_t$	.0020	.0018
	(0.86)	(0.85)
W$_t$	8.5513***	8.2540***
	(4.71)	(4.99)
SIGMA$_t$	5.3046***	5.3154***
	(5.75)	(6.32)
MB$_t$	.0018*	.0008
	(1.76)	(0.89)
ROA$_t$	$-.0433$	$-.4883*$
	(-0.15)	(-1.81)

续表

VARIABLS	(1)	(2)
	$NCSKEW_{t+1}$	$DUVOL_{t+1}$
LEV_t	$-.1369$	$-.1351$
	(1.40)	(1.51)
$SIZE_t$	$-.0927^{***}$	$-.1006^{***}$
	(-5.82)	(-6.94)
CONSTANT	1.5753^{***}	1.7455^{***}
	(4.32)	(5.25)
INDUSTRY	YES	YES
YEAR	YES	YES
Observations	3,421	3,421
R^2	0.3383	0.2930
F	21.73	28.02

注:*,**,***分别表示 10%、5%和 1%的双侧显著性。

融券交易量标准化指标 short_standard$_{i,t}$ 的系数为负值,说明融券交易抑制了公司股价暴跌风险,即悲观投资者及时通过卖空交易传达了其态度与情绪,使股价回归基本面,进而降低了股价暴跌的风险。而与之相反的是融资交易量的标准化指标 long_standard$_t$ 正值,放大了公司股价暴跌风险,可能是由于融资交易传达出投资者对标的公司股票的乐观情绪,通过杠杆交易抬高了公司股价,进而放大了股价暴跌风险,但这两者的系数并未通过显著性检验。公司资产规模 SIZE$_t$ 均在 5% 的水平上显著为负值,再次说明相较于资产规模较小的公司,资产规模较大的公司股价暴跌风险更低。

表 3.11 融资融券政策实施与股价暴跌风险回归分析

VARIABLS	(1)	(2)
	$NCSKEW_{t+1}$	$DUVOL_{t+1}$
$POSTLIST_t$	$.0580^{***}$	$.0710^{***}$
	(3.04)	(4.14)
$LIST_t$	$-.0832^{***}$	$-.1001^{***}$
	(-6.07)	(-8.14)

续表

VARIABLS	(1) NCSKEW$_{t+1}$	(2) DUVOL$_{t+1}$
W$_t$	1.7370**	1.4648**
	(2.41)	(2.26)
SIGMA$_t$	4.0618***	4.3605***
	(11.16)	(13.34)
MB$_t$	.0007**	.0008**
	(2.03)	(2.36)
ROA$_t$	−.2844**	−.5641***
	(−2.49)	(−5.50)
LEV$_t$	−.1176***	−.1279***
	(−3.38)	(−4.10)
SIZE$_t$	−.0158**	−.0180***
	(−2.45)	(−3.12)
CONSTANT	−.0435	−.0096
	(−0.31)	(−0.08)
INDUSTRY	YES	YES
YEAR	YES	YES
Observations	18,040	18,040
R_2	0.3149	0.3322
F	28.99	62.47

注：*，**，*** 分别表示 10%、5% 和 1% 的双侧显著性。

表 3.11 为基于 2006－2018 年所有样本的融资融券政策实施与股价暴跌风险回归分析的结果，回归控制了行业与年份的固定效应。自变量 POSTLIST$_t$ 的回归系数均为正值，并通过了 1% 的显著性检验，说明融资融券政策开通后，股价暴跌风险平均增加了 0.058 和 0.071 个单位，而 LIST$_t$ 的系数分别为 −0.08 和 −0.10，并在 1% 的水平下显著，说明在两融政策推出之前，与非标组相比，纳入融资融券标的的公司股票价格风险更低，纳入融资融券标的的公司，在融资融券政策实施后，股价暴跌风险显著放大。假设 2、假设 3 均成立。

自 2010 年我国融资融券交易机制开通后共经历了五次标的扩容，纳入两融机制的标的总数从刚开通的 90 只股票增加至 950 只,两融交易日渐成熟,在不同时期,融资融券政策对市场风险的影响效果也有所不同(如表 3.12 所示)。

表 3.12　两融标的扩容情况

扩容情况	日期
启动	2010.03.31
第一次扩容	2011.12.05
第二次扩容	2013.01.31
第三次扩容	2013.09.16
第四次扩容	2014.09.22
第五次扩容	2016.12.12

为了进一步检验融资融券制度分步扩容对股价暴跌风险的影响,本书以上述五次扩容为节点,将样本区间分为 2006—2011 年、2006—2012 年、2006—2014 年、2006—2016 年和 2006—2018 年五个阶段,考察分步扩容情况下融资融券制度推行的市场效应,回归结果如下表 3.13、表 3.14 所示。

表 3.13　融资融券分布扩容的回归分析(以 $NCSKEW_{t+1}$ 为被解释变量)

VARIABLS	(1)	(2)	(3)	(4)	(5)
	$NCSKEW_{t+1}$	$NCSKEW_{t+1}$	$NCSKEW_{t+1}$	$NCSKEW_{t+1}$	$NCSKEW_{t+1}$
$POSTLIST_t$	2006—2011	2006—2012	2006—2014	2006—2016	2006—2018
$LIST_t$	−.1451**	−.1281	.0297	.1323***	.0580***
	(−1.95)	(−2.26)	(1.08)	(6.50)	(3.04)
W_t	−.1104***	−.0519***	−.1188***	−.0927***	−.0832***
	(−6.39)	(−3.55)	(−8.40)	(−6.81)	(−6.07)
$SIGMA_t$	−2.5280**	−3.0896***	.8132	3.0894***	1.7370**
	(−2.46)	(−3.07)	(0.89)	(4.18)	(2.41)
MB_t	2.3104***	3.0453***	4.8329***	3.7463***	4.0618***
	(3.93)	(5.43)	(10.11)	(9.98)	(11.16)
ROA_t	−.0002	.0029***	.0036**	.0007	.0007**
	(−0.10)	(1.45)	(2.23)	(1.22)	(2.03)
LEV_t	−.5457***	−.3405	−.0407	−.1885	−.2844**
	(−3.46)	(−2.26)	(−0.31)	(−1.62)	(−2.49)

续表

VARIABLS	(1) NCSKEW$_{t+1}$	(2) NCSKEW$_{t+1}$	(3) NCSKEW$_{t+1}$	(4) NCSKEW$_{t+1}$	(5) NCSKEW$_{t+1}$
SIZE$_t$	−.1129** (−2.19)	−.2327 (−4.97)	−.1718*** (−4.34)	−.0998*** (−2.79)	−.1176*** (−3.38)
CONSTANT	−.0110 (1.20)	.0210** (2.43)	−.0069 (0.92)	−.0013 (−0.20)	−.0158** (−2.45)
INDUSTRY	−.4594** (−2.32)	−.6788 (−3.63)	−.7221*** (−4.44)	−.3853*** (−2.67)	−.0435 (−0.31)
YEAR	YES	YES	YES	YES	YES
Observations	YES	YES	YES	YES	YES
R^2	6,065	7,841	11,916	15,804	18,040
F	0.3924	0.3168	0.3009	0.3546	0.3149
	12.75	19.18	31.68	28.45	28.99

注：*，**，*** 分别表示 10%、5% 和 1% 的双侧显著性。

表 3.14 融资融券分布扩容的回归分析(以 NCSKEW$_{t+1}$ 为被解释变量)

VARIABLS	(1) DUVOL$_{t+1}$	(2) DUVOL$_{t+1}$	(3) DUVOL$_{t+1}$	(4) DUVOL$_{t+1}$	(5) DUVOL$_{t+1}$
POSTLIST$_t$	2006−2011	2006−2012	2006−2014	2006−2016	2006−2018
LIST$_t$	−.1291* (−1.88)	−.1453*** (−2.85)	.0298 (1.21)	.1354*** (7.34)	.0710*** (4.14)
W$_t$	−.1225*** (−7.69)	−.1412*** (−9.75)	−.1270*** (−9.98)	−.1075*** (−8.73)	−.1001*** (−8.14)
SIGMA$_t$	−3.1031*** (−3.28)	−3.8590*** (−4.28)	.8476 (1.03)	3.1793*** (4.75)	1.4648** (2.26)
MB$_t$	3.1050*** (5.73)	3.9279*** (7.80)	5.2493*** (12.21)	4.0122*** (11.80)	4.3605*** (13.34)
ROA$_t$	.0007 (0.37)	.0029 (1.63)	.0033** (2.24)	.0005 (1.10)	.0008** (2.36)
LEV$_t$	−.6953*** (−4.77)	−.5687*** (−4.20)	−.3553*** (−3.00)	−.4495*** (−4.27)	−.5641*** (−5.50)

续表

VARIABLS	(1)	(2)	(3)	(4)	(5)
	$DUVOL_{t+1}$	$DUVOL_{t+1}$	$DUVOL_{t+1}$	$DUVOL_{t+1}$	$DUVOL_{t+1}$
$SIZE_t$	$-.1502^{***}$	$-.2530^{***}$	$-.1839^{***}$	$-.1227^{***}$	$-.1279^{***}$
	(-3.16)	(-6.02)	(-5.16)	(-3.79)	(-4.10)
CONSTANT	$.0159^{*}$	$-.0227^{***}$	$-.0063$	$-.0021$	$-.0180^{***}$
	(1.90)	(2.94)	(0.93)	(-0.36)	(-3.12)
INDUSTRY	$-.6345^{***}$	$-.7681^{***}$	$-.7041^{***}$	$-.3912^{***}$	$-.0096$
	(-3.48)	(-4.57)	(-4.81)	(-3.00)	(-0.08)
YEAR	YES	YES	YES	YES	YES
Observations	YES	YES	YES	YES	YES
R^2	6,065	7,841	12,283	15,804	18,040
F	0.4940	0.4251	0.3020	0.3618	0.3322
	20.32	32.94	20.09	44.31	62.47

注：*，**，***分别表示10%、5%和1%的双侧显著性。

上述检验说明我国融资融券政策的分步实施在不同阶段对股票价格暴跌风险具有不同的影响，开通初期标的范围较窄，交易门槛较高，业务规模受到限制，而不断扩容后，两融交易开始频繁，尤其是融资交易通过杠杆效应加剧了股价暴跌风险，直至2015年我国股市暴跌，两融交易暂时叫停才有所缓和。故假设4成立。

选取我国沪深两市A股上市公司2006—2018年的年度数据作为样本，基于双重差分模型，对我国融资融券机制与股价暴跌风险之间的关系进行研究，并分别检验融资与融券交易的影响。以五次标的扩容事件作为时间节点，考虑我国融资融券标的分步扩容的影响。分析结果表明：①融券交易抑制了公司股价暴跌风险，而与之相反的是融资交易放大了公司股价暴跌风险。②由于我国融资融券交易机制允许融资与融券同时进行，公司股价暴跌风险放大或抑制取决于融资融券交易规模的对比，而长期以来，融资交易量远远超过了融券交易，故我国融资融券政策开通的总体效果是放大股价暴跌风险。③经过两次扩容后，融资融券交易对公司股价暴跌风险抑制效应减弱甚至开始对公司股价暴跌风险产生放大作用，这与王森，王贺（2019）的研究结论一致。

3.9　本章小结

本章首先回顾了我国货币政策的演变历史,从新中国成立以来,我国货币政策的目标与货币政策的工具都随着宏观经济发展而不断地调整。在第二章国内外研究现状的分析中已经发现,当前学术界不乏对于资产价格与货币政策间相互关系的研究,但多数研究角度集中在货币政策对资产价格的影响上。资产价格是一个大概念,应当包括房地产、股票、债券等投资者投资标的的资产价格。目前在我国,个人和企业持有的主要资产还是以房地产和股票为主,而本章着重分析了股票资产价格与货币政策的关系,通过股票资产价格与利率、货币供应量等变量之间的相关性,以及股票资产价格与投资、消费的相关关系,以相关图的形式,对资产价格与货币政策之间相互关系做出了基本分析与推测。

通过对资产价格与货币政策关系的国内外研究现状梳理,发现学术界对于货币政策与资产价格关系的研究,基本上关注的焦点都在货币政策的资产价格传导机制。通过对我国货币政策对股票市场影响的现实经济数据进行相关分析,掌握资产价格波动与货币政策间的相关性。进而,本章通过设定股票资产价格对货币政策影响、货币政策对股票资产价格影响两个理论模型,采用全国 30 个省市面板数据,同时考虑到“经济增长、物价稳定”的货币政策目标、地区经济开放程度、影子银行规模、信贷可得性等对资产价格有重要影响的因素纳入模型,运用广义矩估计方法对动态面板数据模型进行估计,同时建立静态面板数据模型进行估计解决内生问题。

面板回归结果显示:我国货币政策对资产价格的波动影响显著,对于股票资产价格,货币政策的变动对于股票资产价格的波动有显著影响,也就是说货币政策宽松时,股票价格增长率上升,货币政策趋紧时,股票价格增长率下降;反过来,股票价格增长率的变动,对货币政策没有显著影响,这也就意味着我国的货币政策制定并未关注股票资产价格的波动。此外,考虑到股票市场对于资金的需求,模型中引入的各地经济开放程度、信贷可得性变量,证实经济开放程度越高,信贷可得性越强,股票市场越繁荣。影子银行规模的增长对股票市场有着显著影响:影子银行规模扩大,股票价格增长率提升,从本章的实证分析可以看出,股票资产价格与货币政策之间的关联关系是非对称的,股票资产价格的变动对货币政策(这里指货币供应量和利率变量)影响并不显著,那么进一步研究股票资产价格对货币政策目标的影响,将在后面章节进一步开展。

在实证分析结果中显示,影子银行规模的扩大,对股票资产价格波动的影响,充分证实了将影子银行纳入货币政策制定的分析框架的重要性。随着金融市场的不断发展,以银行贷款为主的直接融资渠道不再牢牢占据一家独大的局面,"金融脱媒"现象浮出水面,即资金供给绕过金融媒介直接与资金需求配对的现象。在金融脱媒的背景下,从银行的理财产品到形形色色的表外业务,非银行金融机构逐渐活跃起来,融资渠道日益丰富,"影子银行"的存在逐渐受到学术界和货币当局的关注。不可否认的是影子银行为企业拓宽了融资渠道,但同时对传统的中央银行的利率和信贷调控形成了冲击,央行对货币供应量的掌控性进一步降低,不仅为金融市场的发展埋下风险的种子,也对资产价格造成一定冲击。本章最后一部分通过实证分析,以股票市场的融资融券政策作为影子银行的代理变量,分析了影子银行对于股票资产价格的影响。通过建立双重差分模型,证实了融资融券交易机制的开通及逐步扩容,对 A 股上市公司股价暴跌风险的影响。影子银行呈现出的显著的逆周期特点,除了对以银行体系为主的间接融资渠道形成了补充外,其对货币政策效果的削弱作用和不断累积风险是不可避免的。虽然我国从 2015 年起,《证券公司融资融券业务管理办法》中就明确规定了融资融券业务接受证监会监管,证监会对该项业务实施宏观审慎管理,但是截止到目前,融资融券作为股票市场的主要的杠杆工具和影子银行变量,这一指标尚未纳入我国货币当局的宏观审慎评估指标体系。因此,在货币政策对股票资产价格的影响分析中,应该把影子银行对货币政策的影响考虑在内,寻找应对股票资产价格波动的最优货币政策安排。

本章的理论基础回顾部分,沿着货币政策对股票市场影响的宏观路径,先后对经典货币理论进行回顾,进而梳理货币政策传导机制理论。通过对于货币政策的资产价格传导渠道的梳理,发现资产价格的上升可以通过托宾 Q 理论,以及财富效应影响投资和消费,进而影响总需求和产出,传导到实体经济。通过对理论基础的梳理,结合货币政策对股票市场价格影响的传导机制,从宏观上归纳出利率渠道、流动性渠道、通胀渠道和产出渠道,并据此建立产品市场、货币市场、股票市场模型和实现均衡的条件。

随后,通过梳理中国 A 股市场投资者结构特征,结合个人投资者易受到投资者情绪影响的特点,构建了投资者情绪影响货币政策股市传导渠道的微观路径。最后,从货币政策目标和维护金融稳定的角度,论证了货币政策应当增加对股票市场价格的关注,实现央行维护金融稳定的职能,并采用博尔多-珍妮模型推导出了货币政策应对股票市场价格波动的最优货币政策反应原则。本章的分析为后文的实证分析奠定了理论基础。在理论分析和模型推导中,总结出三个命题,命题 1:货币政策变动,通过利率渠道、货币供应量渠道、通胀渠道和产出渠道对股票市场价格产生影响。命题 2:在金融分权过程中,存在针对国有企业的隐性担保或利率优惠,使得国有企业相对更易获取金融资源和资本支持;当针对国有企业的担保和利率优惠近乎不存在时,政府倾向于向市场分权。以上情形在货币政策不变的条件下,将表现出股价的产权异质性波动。命题 3:货币政策在投资者情绪的作用下对股价波动产生影响。以上三个命题囊括了货币政策在中国情境下(中国政府的治理结构特征、中国股票市场的投资者结构特征)对股票市场价格影响实现的宏观路径和微观路径,本书的余下章节将针对这三个命题展开实证分析,根据分析结果提出货币政策应对股票市场价格波动的研究启示。

第4章 货币政策影响股票市场价格波动的宏观实证研究

本书第三章的理论分析部分通过建立货币政策影响股票市场价格波动的宏观经济模型,提出了命题1:货币政策变动,通过利率渠道、货币供应量渠道、通胀渠道和产出渠道对股票市场价格产生影响。本章将针对命题1对货币政策影响股票市场价格波动的宏观路径开展实证研究。

我国股票市场经过三十多年的发展,其对于货币政策的传导能力在不断提升,对实体经济的影响在逐渐深化,截至2021年底沪深两市总市值占GDP比重高达78.6%。研究货币政策对股票市场价格波动的影响机制,是回答货币政策是否将股票市场价格波动纳入考量并作出反应的基本前提。本章将以第三章的理论模型为基础,进行实证分析。

4.1 货币政策影响股票市场价格波动的传导路径检验

本书第三章通过对理论基础的梳理,结合货币政策对股票市场价格影响的传导机制,从宏观上归纳出利率渠道、流动性渠道、通胀渠道和产出渠道,并据此建立产品市场、货币市场、股票市场模型和实现均衡的条件,提出了命题1,本节将针对命题1展开实证检验。

4.1.1 变量选取与数据处理

本书选择M2作为货币供应量代理变量,利率变量用银行间7日同业拆借加权平均利率作为代理变量,二者共同代表货币政策工具,股票价格指数选取证券市场上具有代表性的上证综合指数为代表,详见表4.1。

表 4.1　变量名称

变量	变量解释
SP	上证综合指数(收盘值)
M2	广义货币供给
R	银行间同业拆借加权平均利率(7 天)

数据跨度从 1997 年 1 月—2021 年 10 月,采用月度数据,数据均来自 Wind 数据库。为了避免季节性因素对时间序列数据的影响,运用 Census X12 法去除季节性因素对各个变量的影响,考虑到向量自回归模型中可能出现异方差现象,对变量取自然对数。

4.1.2　模型设定与检验

向量自回归模型(VAR)把系统中所有内生变量作为其滞后值的函数来构造模型,从而将单变量自回归模型推广到由多元时间序列变量组成的"向量"自回归模型:

$$W_t = \boldsymbol{\Phi}_1 W_{t-1} + \cdots + \boldsymbol{\Phi}_p W_{t-p} + \boldsymbol{H} V_t + \boldsymbol{\varepsilon}_t \quad t = 1, 2, \cdots, T \quad (4.1)$$

$$\begin{pmatrix} w_{1t} \\ w_{2t} \\ \vdots \\ w_{kt} \end{pmatrix} = \boldsymbol{\Phi}_1 \begin{pmatrix} w_{1t-1} \\ w_{2t-1} \\ \vdots \\ w_{kt-1} \end{pmatrix} + \cdots + \boldsymbol{\Phi}_p \begin{pmatrix} w_{1t-p} \\ w_{2t-p} \\ \vdots \\ w_{kt-p} \end{pmatrix} + \boldsymbol{H} \begin{pmatrix} v_{1t} \\ v_{2t} \\ \vdots \\ v_{dt} \end{pmatrix} + \begin{pmatrix} \varepsilon_{1t} \\ \varepsilon_{2t} \\ \vdots \\ \varepsilon_{kt} \end{pmatrix} \quad (4.2)$$

其中:W_t 是 k 维内生变量,v_t 是外生变量,p 是滞后阶数,T 是样本个数。ε_t 是 k 维扰动列向量,在向量自回归模型基础上进行格兰杰因果关系检验和脉冲响应分析,以判断解释变量与被解释变量间的关系。

(1)平稳性检验

表 4.2　平稳性检验结果

变量	检验类型	ADF 检验	临界值 1%	临界值 5%	临界值 10%	p 值	结论
LnM2	(c,0,0)	−2.887	−3.452	−2.871	−2.572	0.048	平稳
LnR	(c,0,0)	−3.600	−3.452	−2.871	−2.572	0.006	平稳
LnSP	(c,t,0)	−3.520	−3.990	−3.425	−3.136	0.039	平稳

由表 4.2 可知所有变量均为平稳序列。

(2)协整检验

表 4.3　协整检验结果

假设	特征值	迹统计量	0.05 临界值	p 值
零个协整向量	0.053	38.056	29.797	0.005
至多一个	0.047	22.202	15.495	0.004
至多两个	0.027	8.181	3.841	0.004

由表 4.3 可知在 95% 的置信水平下,dLnSP、dLnR、dLnM2 之间最多存在 2 个协整关系,这表明三者之间有一个长期稳定的均衡关系

(3)格兰杰因果关系检验

表 4.4　格兰杰因果关系检验结果

假设	F 统计值	p 值	结论
LnM2 不是 LnR 的 graner 原因	0.818	0.514	不能拒绝
LnR 不是 LnM2 的 graner 原因	87.669	0.000	拒绝
LnSP 不是 LnM2 的 graner 原因	0.023	0.999	不能拒绝
LnM2 不是 LnSP 的 graner 原因	1.69	0.152	不能拒绝
LnSP 不是 LnR 的 graner 原因	1.736	0.142	不能拒绝
LnR 不是 LnSP 的 graner 原因	2.197	0.069	拒绝

通过表 4.4 可知,利率渠道不仅是货币供给的格兰杰原因,也是股票市场价格波动的格兰杰原因,这说明中国货币政策对股票市场价格波动的利率传导渠道的有效性。

(4)确定滞后阶数

表 4.5　VAR 模型的滞后阶数判断结果

Lag	LogL	LR	FPE	AIC	SC	HQ
1	1633.716	4328.734	2.68E−09	−11.22295	−11.07071*	−11.16195*
2	1641.557	15.30246	2.7E−09	11.21493	−10.94851	−11.10818
3	1657.641	31.05498	2.57E−09	−11.26395	−10.88335	−11.11145
4	1688.513	27.09996	2.36e−09*	−11.35303*	−10.74407	−11.10902

续表

Lag	LogL	LR	FPE	AIC	SC	HQ
5	1695.179	12.45577	2.39E−09	−11.33688	−10.61374	−11.04712
6	1702.374	13.29436	2.43E−09	−11.32439	−10.48707	−10.98888
7	1715.131	23.30796*	2.36E−09	−11.35039	−10.3989	−10.96913
8	1717.356	4.01863	2.48E−09	−11.3035	−10.23783	−10.87649

由上表 4.5 最优滞后阶数可以看出,滞后 4 期表现出较优现象。综合考虑本书选择滞后 4 阶的 VAR 模型即 VAR(4)。

(5)模型稳定性检验

判断 VAR 模型稳定条件是 AR 特征方程的特征根倒数的绝对值小于 1。由图 4.1 中可知,倒数模全部位于单位圆之内,表明所依据的 VAR(4)模型稳定,从而保证了进一步研究的有效性。

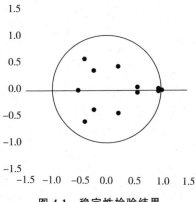

图 4.1 稳定性检验结果

(6)VAR 参数估计结果

$$LNSP = -0.182 * LNM2(-1) - 0.379 * LNM2(-2)$$
$$+ 1.405 * LNM2(-3) - 0.831 * LNM2(-4)$$
$$+ 0.027 * LNR(-1) - 0.065 * LNR(-2) + 0.090 * LNR(-3)$$
$$+ 0.064 * LNR(-4) + 1.087 * LNSP(-1) + 0.017 * LNSP(-2)$$
$$- 0.183 * LNSP(-3) + 0.032 * LNSP(-4) + 0.215$$

$$(4.3)$$

4.3 式说明货币供给除滞后第 3 期外,其余期数对股票价格的影响均为负向,利率除滞后第 2 期外,其余期数对货币供给的影响均为正向,且货币供给对股价的影响大于利率。

（7）脉冲响应分析

图 4.2 最后一列展示了货币供给、利率、股票价格对股票价格的脉冲响应图像。观察可发现，①货币供给受冲击后对股票价格具有持续的正向影响，在 1～4 期对股票价格影响较小，从第 5 期开始，影响强度缓慢增强，并最终维持在 0.2 的水平上；②利率受冲击后，对股价的影响呈现"M"型，且影响强度较小。在 1～2 期对股价产生的影响微弱，在 3～4 期对股价有负向影响，在第 3 期负向影响达到最强，在 5～6 期利率对股价的影响变为正向，但在第 7 期之后，利率对股价的影响变为负向。

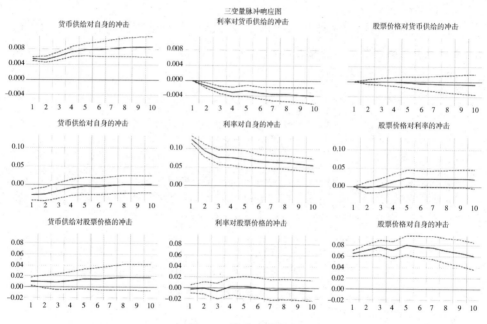

图 4.2　脉冲响应图示

（8）方差分解

由表 4.6 可知股票价格受自身影响＞货币供给＞利率，货币供给对股票价格的解释力在 2～4 期上升速度最快，5 期之后上升速度减慢，到第 10 期货币供给对股票价格的解释力达到 16.87％，而利率对股票价格的解释力为 7.09％。

表 4.6　方差分解结果

时期	S.E.	LNSP	LNM2	LNR
1	0.067457	100.0000	0.000000	0.000000
2	0.099459	99.85947	0.028295	0.112234

时期	S.E.	LNSP	LNM2	LNR
3	0.127822	99.80901	0.105517	0.085473
4	0.149236	99.67767	0.081346	0.240979
5	0.166400	99.68925	0.070061	0.240684
6	0.180153	99.72457	0.059783	0.215643
7	0.191813	99.74839	0.060520	0.191085
8	0.201441	99.75477	0.062629	0.182600
9	0.209532	99.73135	0.069302	0.199351
10	0.216338	99.68250	0.079880	0.237622

4.1.3　实证结果分析

通过 VAR 模型和 VEC 模型分析,实证结果得到的基本结论是货币政策对股票市场价格的影响通过利率渠道和货币供给(流动性)渠道实现。货币供给对股票市场价格波动呈负向影响,利率对股票市场价格波动短期内呈正向影响、长期呈负向影响。对于货币供给对股票市场价格波动的负向影响,根据凯恩斯货币供给内生理论,贷款创造存款,即我国过去样本期间的货币供给,主要由于经济主体贷款创造货币供给;而我国过去的现实是,房地产投资为主的投资结构,决定了房地产投资引导货币创造,也就是说,货币创造引起货币供给量增加,新增货币主要流入房地产投资,挤出股票投资,挤出效应作用下产生负向影响。从脉冲响应分析来看,短期内利率对股价的影响是正向的,在第 7 期后呈现负向影响,从这个角度可以看出,在短期内利率对股票市场泡沫的形成有一定作用,但在长期内,股票市场价格对利率的调整会做出反应。

4.2　基于劳动价值论的数学解释

马克思劳动价值论的内容不仅包括商品价值和使用价值的商品二因素理论,而且包括生产商品的具体劳动和抽象劳动的劳动二重性理论,不仅提出了商品的价值量是由生产商品的社会必要劳动时间决定和以此为基础进行等价交换的价值规律,而且提出了生产商品的劳动有简单劳动和复杂劳动,少量的复杂劳动等于多倍的简单劳动,关于科学技术在价值创造中的作用及二者关系也是劳动价值论的重要内容,而且是难理解、容易引发歧义的内容。

在《资本论》中,马克思关于科学技术在价值和使用价值创造中的作用的论述,具体体现在关于生产商品的劳动生产率与商品的价值量与使用价值量的关系的论述中。《资本论》第一卷,具体描述如下:"商品的价值量与体现在商品中的劳动量成正比,与这一劳动的生产率成反比。"劳动生产率与使用价值量成正比的论断相对容易理解,因为劳动生产率可以表述为平均单位劳动时间生产的产品数量,随着科技水平提高,劳动生产率相应提高,从而劳动生产的产品数量也增加,社会产品的使用价值增多,社会生产率越高,一定劳动时间所生产的使用价值就越多。难点在于理解劳动生产率与商品价值量成反比的关系,根据马克思劳动价值论的含义,社会劳动生产率的变化,与同一劳动时间内生产的商品的价值总量没关系。使用价值总量与价值量在总量上的脱离使得劳动价值论在解决现实问题时说服力不足,在当下背景下,应尝试进一步给出新的解释。

运用动态分析方法,加入时间因素,发现生产商品的劳动生产率与商品的价值量之间呈现正比关系。按照马克思对生产商品的社会必要劳动时间给出的定义,社会必要劳动时间是指在社会正常条件、社会平均劳动熟练程度和平均劳动强度下生产商品所需要的时间,可以看出,这一定义是静态的,这种静态定义对于研究资本主义生产关系,建立《资本论》的科学体系,揭示资本主义经济制度的本质是具有重要意义的。但当我们采用动态、具体分析方法时可以看到,不同时期、不同国家,决定商品价值量的社会必要劳动时间也不同,这就会出现对不同时期同一商品价值量比较的困难。马克思劳动价值论体现的静态社会关系,适用于研究生产关系,但在当前社会主义市场经济条件下,解释现实经济增长和财富增加问题时,就需要对马克思关于劳动生产率和商品价值量关系的问题的论述有所创新和发展。

当由于科学技术的发展和应用,个别生产者劳动生产率的提高带动了整个部门甚至全社会劳动生产率提高时,整个社会生产的劳动复杂程度增加,全社会计算的社会必要劳动时间会随之增加,产品不仅使用价值增加,价值总量也会随之增加,这意味着商品生产的劳动生产率与商品的价值总量不是成反比而是成正比。

4.2.1　技术进步外生模型

（一）用索洛模型对上述观点进行阐述

变量：产量（Y）、资本（K）、劳动（L）、劳动的有效性或技术、知识（A）。

生产函数：

$$Y(t) = F[K(t), A(t)L(t)] \tag{4.4}$$

t 表示时间，A 和 L 以相乘的方式进入生产函数（劳动增进型），AL 称为有效劳动。

假设条件：

①生产函数对于两个自变量是规模报酬不变的，即 $F(cK, cAL) = cF[K, AL]$。这一假定暗含显示经济足够大，从专业化中可获得的收益已经穷尽，资本、劳动、知识外的其他投入不重要。由此假设可以得到生产函数的紧凑型：

$$y = \frac{Y}{AL} = F(k, 1) = f(k) \tag{4.5}$$

满足假设 1 的生产函数我们常用柯布道格拉斯生产函数：

$$F(K, AL) = K^{\alpha}(AL)^{1-\alpha}, 0 < \alpha < 1 \tag{4.6}$$

紧凑形式：

$$f(k) = (K/AL)^{\alpha} = k^{\alpha} \tag{4.7}$$

②资本、劳动和知识的初始水平被看成既定的，劳动和知识以不变速度增长。

$$\frac{\mathrm{d}L(t)}{\mathrm{d}t} = nL(t); \frac{\mathrm{d}A(t)}{\mathrm{d}t} = gA(t); \frac{\mathrm{d}K(t)}{\mathrm{d}t} = sY(t) - \delta K(t) \tag{4.8}$$

通过对生产函数紧凑形式取对数并对 t 求导可以得到索洛模型的关键方程：

$$\frac{\mathrm{d}k(t)}{\mathrm{d}t} = \dot{k} = sf[k(t)] - (n + g + \delta)k(t) \tag{4.9}$$

所以不管出发点如何，经济能自发收敛于平衡增长路径，在平衡增长路径上，模型中每个变量的增长率都是常数，人均资本和人均产量以速度 g 增长。

外生模型假定了技术增长率是常数，且技术进步必须采用劳动增进方式才能使经济收敛于平衡增长路径，也就是说劳动的有效性增长才能使人均产量永久性增长。

（二）用技术进步内生模型分析

同样涉及四个变量，产量（Y），资本（K），劳动（L），劳动的有效性或技术、知识（A）。两个生产部门：产品生产部门与研发部门。a_L, a_K 分别表示劳动力与资本中用于研发部门的比例，$1 - a_{L, 1-aK}$ 表示劳动力与资本中用于生产部门的比例。

仍采用柯布道格拉斯生产函数,那么 t 时期生产的产品数量:

$$Y(t) = [(1-a_k)K(t)]^a [A(t)(1-a_L)L(t)]^{1-a} \qquad (4.10)$$

假定新知识的生产取决于用于研究的资本和劳动数量以及技术水平,那么知识的生产函数:

$$\frac{\mathrm{d}A(t)}{\mathrm{d}t} = B[{}_k^a K(t)]\beta[{}_L^a L(t)]\gamma[{}^A(t)]\theta \quad B>0, \beta \geqslant 0, \theta \geqslant 0 \qquad (4.11)$$

劳动以不变速度增长,折旧为 0

$$\frac{\mathrm{d}L(t)}{\mathrm{d}t} = nL(t); \frac{\mathrm{d}K(t)}{\mathrm{d}t} = sY(t) \qquad (4.12)$$

我们可以得到模型的关键方程:

$$g_K(t) = c_K[A(t)L(t)/K(t)]^{1-a} \qquad (4.13)$$

$$g_A(t) = c_A[K(t)]^\beta L(t)^\gamma A(t)^{\theta-1} \qquad (4.14)$$

从中可以得出结论:当 $\beta+\theta<1$ 时,经济向平衡增长路径收敛,且经济增长率是人口增长率的增函数。

内生增长模型进一步阐述了稳态情况下人均产量的增长率是知识增长率的增函数。

上述两个模型都基于一个共同的假设,即技术进步必须采用劳动增进形式,也就是说经济增长是劳动与技术进步乘积作用的结果,劳动的有效性说明的是劳动的质的概念,也就是劳动的复杂程度,因为有效劳动=劳动的有效性×劳动投入量,相应地,复杂劳动为简单劳动的倍乘,那么由于技术进步,社会分工与专业化,社会经济增长就是简单劳动与技术进步乘积共同作用即复杂劳动作用的结果。

那么,在不改变马克思劳动价值论基本理论体系的前提下,为了提高劳动价值论对现实问题的解释力,可以对劳动的定义作如下发展:将劳动定义为由其生产的一定量使用价值所体现或支出的劳动量=劳动时间×劳动生产率。

索洛技术进步外生模型和内生增长模型的结论是:社会经济增长是简单劳动与技术进步的乘积,即复杂劳动作用的结果。

马克思抽象劳动生产价值量的函数:

$$Y_i = A_i \times L_i(1+m) + d \times K_i \qquad (4.15)$$

Y_i——商品价值量;A_i——复杂劳动转化为简单劳动的比例;L_i——简单劳动量;K_i——资本量;d——资本折旧率;I——i 部门。

如果采用劳动量的新概念"劳动量=劳动时间×劳动生产率",可以发现社会劳动生产率的提高,全社会价值量也因复杂劳动增加而增加。那么"就全社会而言,劳动生产率提高与价值量成正比"这一结论便是符合马克思理论体系的,是我们更好地理解技术对经济发展的作用,西方经济学的增长理论与马克思劳动价值论从不同侧面得出来一致的结论。

在上述新定义"劳动量＝劳动时间×劳动生产率"框架下,结合马克思劳动价值论,可以得出关于单位商品价值量的新结论。假设在 t 时期,厂商生产产品 $Y(t)$ 的价值量 $W(t)$,资本投入量 $K(t)$,劳动投入 $L(t)$ 和知识 $A(t)$,资本是劳动产品,本身不创造价值,而是转移自身所存在的价值,假设单位资本的价值量为 $q(t)$,资本折旧率为 d,单位产品的价值量为 $p(t)$,剩余价值率为 π。

$$W(t)=d \times q(t) \times K(t)+[A(t) \times L(t)](1+\pi) \tag{4.16}$$

$$q(t+1) \times K(t+1)=q(t) \times K(t)(1-d)+p(t) \times S \times Y(t) \tag{4.17}$$

$$W(t)/Y(t)=p(t) \tag{4.18}$$

初始条件:

$$q(0)=q_0 \tag{4.19}$$

把(4.18)代入(4.17)中得到:

$$q(t+1) \times K(t+1)=q(t) \times K(t)(1-d)+S \times W(t) \tag{4.20}$$

(4.16)代入(4.20)得:

$$q(t+1) \times K(t+1)=q(t) \times K(t)(1-d+S \times d)$$
$$+S[A(t) \times L(t)](1+\pi) \tag{4.21}$$

$$q(t+1) \times K(t+1)/[A(t)L(t)]=q(t+1) \times k(t+1) \tag{4.22}$$

$$q(t+1) \times K(t+1)=q(t) \times K(t)(1-d+S \times d)+S(1+\pi) \tag{4.23}$$

令:

$$C(t)=(1-d+s \times d)^t \tag{4.24}$$

$$q(t+1) \times K(t+1)=q_0 \times k_0 \times C(t)$$
$$+S(1+\pi)[1-C(t)]/[1-(1-d+S \times d)] \tag{4.25}$$

当 $t \to \infty$ 时,$C(t) \to 0$,所以,

$$q(t+1) \times K(t+1) \to S(1+\pi)/(d-S \times d)]$$
$$p(t)=W(t)/Y(t), \tag{4.26}$$

分子分母同除 $A(t)L(t)$ 得到:

$$p(t)=W(t)/Y(t)=[d \times q(t) \times k(t)+(1+\pi)]/y(t) \tag{4.27}$$

这说明经济收敛于平衡增长路径时,单位商品的价值量为常数。

这个结论暗含的重要意义就是,劳动价值论经过新解释,即"就全社会而言,劳动生产率提高与价值量成正比"的假设下,单位商品的价值量可以保持常数。总之,从本质上来看,这并不是对马克思劳动价值论的否定,而是对马克思劳动价值论的一种新理解,可见任何一种理论都会随着时间的推移而发展,劳动价值论也同样需要创新和发展,不断地在新的历史条件下增加新理解,也是一种在系统地保持马克思理论体系完整性前提下的理论创新。

4.2.2 实证分析

对于如何估计科技水平对经济的贡献,经济学界还没有形成一个统一的标准,不同理论依据的采用以及不同数据的选取都会使得估计结果有显著差异。数学模型是计量分析的基础,在评价科技进步作用中,需要选取正确的反映客观现实的模型才能得出有指导意义的分析结果。对于科技进步对经济贡献的衡量,国内很多研究选取的是索洛余值法,本文对索洛余值法进行了一些改进,采用柯布道格拉斯生产函数的稳态均衡结果,测算技术进步对经济增长率的贡献率(而非对总产值的贡献)。在前面的分析中已经证实,无论是技术进步外生模型还是内生增长模型,要达到稳态(平衡增长路径),技术进步必须采用劳动增进型,下面采用劳动增进型索洛模型的特例——柯布道格拉斯生产函数。

$$F(K,AL) = K^{\alpha}(AL)^{1-\alpha}, 0 < \alpha < 1 \tag{4.28}$$

对生产函数进行对数变换:

$$\ln Y = \alpha \ln K + (1-\alpha)\ln L + (1-\alpha)\ln A + \mu_t \tag{4.29}$$

再将等式两侧对 t 求导:

$$\frac{\Delta Y}{Y} = \alpha \frac{\Delta K}{K} + (1-\alpha)\frac{\Delta L}{L} + (1-\alpha)\frac{\Delta A}{A} \tag{4.30}$$

即:

产量增长率 = 资本的收入份额 × 资本增长率

+ 劳动的收入份额 × 劳动增长率 + 技术进步

α、$1-\alpha$ 分别为资本和劳动的产出弹性。按照新古典经济增长理论的分析,资本和劳动所能解释的经济增长部分称为外延式增长 $\alpha \frac{\Delta K}{K} + (1-\alpha)\frac{\Delta L}{L}$,资本和劳动不能解释的经济增长部分 $(1-\alpha)\frac{\Delta A}{A}$ 为内涵式增长,又称"索洛余值",即科技进步对经济增长的贡献。

为了方便使用 Eviews 进行实证分析,对上述模型进行如下变换:

$$\ln Y - \ln L = (1-\alpha)\ln A + \alpha(\ln K - \ln L) + \mu_t \qquad (4.31)$$

（一）数据选取

本文选取了 1980—2015 年国内生产总值、全社会固定资产投资额和劳动力人口三个变量来代表 Y、K、L,为了剔除物价变动因素,对国内生产总和之全社会固定资产投资额采用 1978 年为基期进行价格折算（如表 4.7 所示）。

表 4.7　普通最小二乘估计数据选取

年份	国内生产总值（亿元）	全社会固定资产投资（亿元）	劳动力（万人）	国内生产总值指数（1978 年＝100）
1980 年	4587.6	910.9	42903	116
1981 年	4935.8	961	44165	122
1982 年	5373.4	1230.4	45674	132.9
1983 年	6020.9	1430.1	46707	147.3
1984 年	7278.5	1832.9	48433	169.6
1985 年	9098.9	2543.2	50112	192.4
1986 年	10376.2	3120.6	51546	209.6
1987 年	12174.6	3791.7	53060	234.1
1988 年	15180.4	4753.8	54630	260.4
1989 年	17179.7	4410.4	55707	271.3
1990 年	18872.9	4517	65323	281.9
1991 年	22005.6	5594.5	66091	308.1
1992 年	27194.5	8080.1	66782	351.9
1993 年	35673.2	13072.3	67468	400.7
1994 年	48637.5	17042.1	68135	453
1995 年	61339.9	20019.3	68855	502.6
1996 年	71813.6	22913.5	69765	552.5
1997 年	79715	24941.1	70800	603.5
1998 年	85195.5	28406.2	72087	650.8

续表

年份	国内生产 总值（亿元）	全社会固定资产 投资（亿元）	劳动力 （万人）	国内生产总值 指数（1978 年＝100）
1999 年	90564.4	29854.7	72791	700.7
2000 年	100280.1	32917.7	73992	760.2
2001 年	110863.1	37213.49	73884	823.6
2002 年	121717.4	43499.91	74492	898.8
2003 年	137422	55566.61	74911	989
2004 年	161840.2	70477.43	75290	1089
2005 年	187318.9	88773.61	76120	1213.1
2006 年	219438.5	109998.16	76315	1367.4
2007 年	270232.3	137323.94	76531	1562
2008 年	319515.5	172828.4	77046	1712.8
2009 年	349081.4	224598.77	77510	1873.8
2010 年	413030.3	251683.77	78388	2073.1
2011 年	489300.6	311485.13	78579	2270.8
2012 年	540367.4	374694.74	78894	2449.2
2013 年	595244.4	446294.09	79300	2639.2
2014 年	643974	512020.65	79690	2831.8
2015 年	689052.1	561999.83	80091	3027.2

数据来源：根据国家统计局公开数据计算

EViews 实证结果如表 4.8 所示。

表 4.8 EViews 实证结果

Variable	Coefficient	Std.Error	t-Statistic	Prob.
C	1.559488	0.187519	8.316420	0.0000
X^2	0.956144	0.055581	17.20262	0.0000
R-squared	0.936695	Mean dependent var	−1.638844	
Adiusted R-squared	0.933530	S.D.dependent var	0.444417	
S.E.of reqression	0.114579	Akaike info criterion	−1.408595	
Sum squared resid	0.262567	Schwarz criterion	−1.309410	

续表

Variable	Coefficient	Std.Error	t-Statistic	Prob.
Loq likelihood	17.49455	Hannan-Quinn criter.	−1.385230	
F-statistic	295.9301	Durbin-Watson stat	0.474126	
Prob(F-statistic)	0.000000			

$$\ln Y - \ln L = \underset{(8.31)}{1.5594} + \underset{(17.2026)}{0.9561}(\ln K - \ln L) \tag{4.32}$$

回归分析结果显示,样本可决系数达到 0.93,且通过 T 检验。

$$\alpha = 0.9561, 1 - \alpha = 0.0439 \tag{4.33}$$

$$\frac{\Delta Y}{Y} = 0.9561 \frac{\Delta K}{K} + 0.0439 \frac{\Delta L}{L} + 0.0439 \frac{\Delta A}{A} \tag{4.34}$$

得出结论:科技进步对经济增长率的贡献率为 4.39%。不同学者测算技术进步对我国经济增长的贡献率差异很大,这可能是由于采用了不同的换算方法对数据进行处理,同时,现实中技术进步是内生的,对科技进步的测度存在一定困难,本模型中的索洛余值只是近似地看作科技进步的替代变量,而事实上,索洛余值代表的是除了资本和劳动的其他因素对经济增长的影响,只有当其他因素都不变时,索洛余值才能完全替代科技进步。

(二)构建向量自回归模型

我们需要进一步证实科学技术与经济增长之间是否存在因果关系,本文采用向量自回归模型分析。

向量自回归模型(VAR)是一种非结构化的模型,即变量之间的关系并不是以经济理论为基础的。VAR 模型把系统中的每一个内生变量作为系统中所有内生变量的滞后项的函数来构造模型,其一般形式为:

$$Y_t = A_1 Y_{t-1} + A_2 Y_{t-2} + \cdots + A_p Y_{t-p} + B_0 X_t + \cdots \\ + B_r X_{t-r} + \varepsilon_t \quad t = 1, 2, \cdots, n \tag{4.35}$$

其中,Y_t 是 k 维内生变量向量,$Y_{t-i}(i=1,2,\cdots,p)$ 是滞后内生变量向量,$X_{t-i}(i=1,2,\cdots,r)$ 是 d 维外生变量或滞后外生变量向量,p、r 分别是内生变量和外生变量的滞后阶数。A_i 是 $k \times k$ 维系数矩阵,B_i 是 $k \times d$ 维系数矩阵,这些矩阵都是带估计的参数矩阵。ε_t 是由 k 维随机误差项构成的向量,其元素相互之间可以同期相关,但不能与各自的滞后项相关以及不能与模型右边的变量相关。

模型(1)中每个方程右边都是前定变量,没有非滞后的内生变量,且每个方程右边的变量又都是相同的,因此使用 OLS 估计方法可以得到与 VAR 模型参数一致且有效的估计量。对于滞后长度 p 和 r 的选取,一般希望滞后数足够大以便能够较好地反映所构造模型的动态特征。但滞后数越大,模型中代估计的参数也越多,模型的自由度也越小。一般可以根据 AIC 和 SC 信息准则取值最小的原则来确定模型的滞后阶数。

为了分析财政教育投入、科技投入与经济增长之间的关系,采用 1995－2015 年数据为样本。国内生产总值 GDP 作为衡量中国经济增长的指标,财政教育投入是指国家对教育经费及其他教育相关资源的资金投入,用 edu 表示,财政科技投入实质国家财政支持开展科技活动的投入,用 tech 表示(如表 4.9 所示)。

表 4.9　向量自回归模型数据选取

年份	财政教育支出(亿元)	财政科技支出(亿元)	国内生产总值(亿元)
1995 年	1411.5233	302.26	61339.9
1996 年	1671.7046	348.63	71813.6
1997 年	1862.5416	408.86	79715
1998 年	2032.4526	438.6	85195.5
1999 年	2287.1756	543.85	90564.4
2000 年	2562.6056	575.62	100280.1
2001 年	3057.01	703.26	110863.1
2002 年	3491.4048	816.22	121717.4
2003 年	3850.6237	975.54	137422
2004 年	4465.8575	1095.34	161840.2
2005 年	5161.0759	1334.91	187318.9
2006 年	6348.3648	1688.5	219438.5
2007 年	8280.2142	1783.04	270232.3
2008 年	10449.6296	2129.21	319515.5
2009 年	12231.0935	2744.52	349081.4
2010 年	14670.067	3250.18	413030.3
2011 年	18586.7009	3828.02	489300.6
2012 年	22236.23	4452.63	540367.4

年份	财政教育支出(亿元)	财政科技支出(亿元)	国内生产总值(亿元)
2013 年	22469,78	5084.3	595244.4
2014 年	23041.71	5314.45	643974
2015 年	26271.88	5862.57	689052.1

数据来源:国家统计局公开数据

（三）单位根检验

为了建立向量自回归模型,首先要对所选变量进行平稳性检验,检验前,先对所有数据进行对数化处理以消除价格因素的影响,避免存在异方差,其后采用单位根检验,结果如下表 4.10 所示。

表 4.10　单位根检验结果

变量	名称	ADF 值	prob	结论
lntech	财政科技投入取对数	−0.7198	0.8143	不平稳
dlntech	财政科技投入对数一阶差分	−3.9550	0.0101	平稳
Lngdp	国内生产总值取对数	−2.7898	0.0733	不平稳
dlngdp	国内生产总值对数一阶差分	−1.9021	0.3224	不平稳
d2lngdp	国内生产总值对数二阶差分	−4.6355	0.0038	平稳
lnedu	财政教育投入取对数	1.2735	0.9967	不平稳
dlnedu	财政教育投入一阶差分	−2.1959	0.2167	不平稳
d2lnedu	财政教育投入二阶差分	−3.6971	0.0242	平稳

对数据进行检验并做差分处理后,lngdp、dlntech、dlnedu 为同阶单整,这一结论通过 VAR 模型的单位圆检验也可以得到验证,所有点都没有落在单位圆外,数据平稳性得到了印证(如图 4.3 所示)。

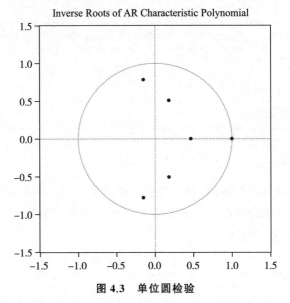

图 4.3　单位圆检验

（四）格兰杰因果检验

通过 VAR 模型框架下的格兰杰因果关系检验发现,科技投入是国内生产总值的格兰杰原因,从直观数据来看,财政科技投入的绝对量远低于财政教育投入,但财政教育投入与国内生产总值之间却不存在格兰杰因果关系,可见科技对于经济增长的影响之大(如表 4.11 所示)。

表 4.11　格兰杰因果检验结果

变量	Chi-sq	prob	结论
DLNGDP	3.2983	0.1922	科技投入是 GDP 的格兰杰原因
LNTECH	8.2891	0.0502	

（五）脉冲响应分析

脉冲响应函数描述内生变量的变动或冲击不仅直接影响到第 i 个变量,并且通过 VAR 模型的动态结构传递给其他内生变量,脉冲响应函数刻画出这个影响的轨迹,现实一个单位扰动如何通过模型影响其他变量。下面结果是分别对财政教育投入和财政科技投入施加冲击,判断其对国内生产总值的影响及影响持续的期数。财政教育投入的影响在第二期达到峰值,并一直持续到第七期,第七期后趋于平稳;财政科技投入对国内生产总值的影响在第二期达到峰值,并在第六期有一次较大的正向波动,影响持续到第九期后趋于平稳(如图 4.4 所示)。

由此可见,财政科技投入对于经济增长的影响比财政教育投入的影响更为明显。

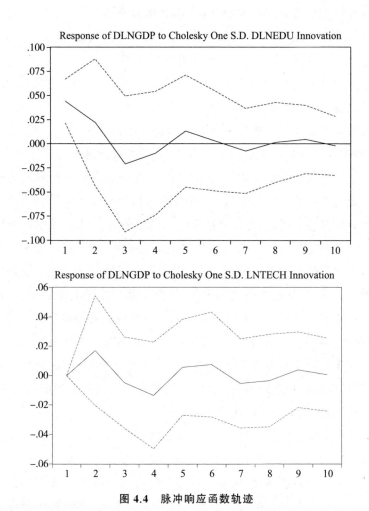

图 4.4　脉冲响应函数轨迹

（六）结论

马克思劳动价值论的科学性集中反映在其世界观和方法论中,在新的历史条件下坚持和发展马克思劳动价值论的核心就是坚持马克思主义的立场和观点,而并非一些学者持有的先否定马克思劳动价值论的正确性再提出新的观点,在坚持马克思主义立场和观点基础上才能正确应对新的历史条件所提出的挑战。随着科技革命和知识经济的到来,生产要素的内容逐渐拓展,现代社会的劳动结构也发生了重大变化,在三大产业中,体力劳动的中心地位正在被科技劳动、管理劳动等脑力劳动所取代,产生了劳动者的知识化、脑力化、技能化倾向。科技人员的劳动在发展生产和创造价值中的作用越来越突出,科技创新能力已经成为衡量一个国家综合国力和经济竞争力大小的重要指标,科学技术是第一生产力。科技创新离不开科技人员的劳动,他们不仅在增加社会财富、提高生产力发展水平方面发挥着积极作用,而且在社会产品价值创造中也起着重要作用。

马克思劳动价值论的创立,始终与当时社会生产力的发展程度紧密相连,经济社会的发展决定着科学理论的发展,马克思劳动价值论也不会停滞不前,必然随着社会经济发展而不断扩展。马克思已经看到科学技术是生产力,但还不是主导生产力;后来科学技术逐渐成为第一生产力,"第一"不仅意味着先进生产力,而且是主导生产力了。现代社会信息化、智能化的生产条件以及科学技术的先进性已经远超马克思劳动价值论产生的年代了,科研劳动和经营管理劳动在价值创造中发挥的作用也愈加明显。可见,劳动创造价值的原理未变,但创造价值的"劳动"范畴大大深化、丰富和扩展了,劳动的深度和质量大大提升了,而且创造价值的主体已变成科学技术主导的高度复杂的劳动了。因此,在新的历史条件下坚持马克思主义劳动价值论,一定要从发展的实际出发,结合时代提出的新问题,必须在坚持马克思劳动价值论基本观点、基本方法的同时,进一步深化对劳动价值论的研究与认识,用新的眼光看世界,用新的思维方式分析、解决问题。正如马克思劳动价值论的历史使命在于揭示资本主义生产方式的基本矛盾一样,我们深化社会主义劳动价值论的研究,应当分析新的历史条件下社会主义市场经济发展的新变化,揭示其运动的一般规律,为社会主义现代化建设服务。

关于科学技术对于促进经济增长、财富增加中的作用是毋庸置疑的,强调科学技术在价值创造中发挥重要作用,应当明确创造价值的是人类运用科学技术后的高效率活劳动而不是科技本身,从这个意义上来说,强调科学技术在经济增长和财富增加中的突出作用与强调坚持马克思劳动价值论具有一致性,因而在马克思劳动价值论的框架下去认识科学技术对于经济增长和财富增加的促进作用是科学且有必要的。上文实证分析结果显示,科技进步对于财富、经济增长的促进作用,选取的财政科技投入和财政教育投入两个指标虽然不能完全替代科技进步这一变量,但具有一定程度的说服力,也为寻求科技进步进而促进经济增长提供了切入点:加大教育投入力度对促进人力资本累积和储备未来以自主创新为核心的发展动力有着积极作用。各级教育投入结构的优化,包括普及义务教育、增加对中高等教育的投资,必然会优化教育投入结构,在最需要的领域使教育经费得到最好的利用,培养更多的技术和管理人才,把投入的资金以积累的人力资本和技术创新重新服务于社会,必然会提高社会的劳动生产率,进而促进经济快速增长。同样,加大财政科技投入,不断增强创新能力与科技成果转化为产出的能力,才能不断增强核心竞争力,为经济增长提供源源不断的内生动力。

4.3　本章小结

本章通过 VAR 模型和 VEC 模型进行实证分析,得到的基本结论是货币政策对股票市场价格的影响通过利率渠道和货币供给(流动性)渠道实现。货币供给对股票市场价格波动呈负向影响,利率对股票市场价格波动短期内呈正向影响、长期呈负向影响。命题 1:货币政策变动,通过利率渠道、货币供应量渠道、通胀渠道和产出渠道对股票市场价格产生影响。这一命题得到证实。这在宏观路径上解答了本书研究的第一个核心问题:货币政策对股票市场价格的波动存在影响。

第 5 章　货币政策影响股票市场价格波动的微观实证研究

本书第四章主要检验了货币政策影响股票市场价格波动的宏观路径,本章则将引入中国股票市场的两个结构特征,检验二者关系的微观路径。第三章理论基础部分已论及,中国股票市场有两个重要的结构特征:一是投资者结构方面个人投资者(散户)占比较大,且个人投资者是融资融券这一股票市场投资主体的融资方式的主要参与者;二是融资者结构方面国有企业占比较大。在现实经济中,并非所有投资者都是"理性人"。尤其在我国股票市场参与者中个人投资者(散户)占比较大的客观情况下,由于个人投资者在股票市场信息和知识方面,相较于专业机构投资者处于绝对劣势,而且个人投资者的投资决策容易受到主观情绪,尤其是"羊群效应"的从众心理影响,从而间接地影响股票市场价格波动。于是,本章将中国股票市场结构特征引入研究框架中,作为货币政策影响股票市场价格波动的微观视角,研究货币政策是否会通过影响投资者情绪进而影响股票市场价格波动,以及股票市场价格波动的产权异质性特征,对利用投资者情绪的预期引导、提升货币政策精准度以应对股票市场价格的波动、深入认识货币政策的股票价格传导机制具有重要理论与现实意义。本章将从"投资者情绪形成预期""金融分权形成股价的产权异质性波动"两个角度切入,建立实证模型,分析投资者情绪、金融分权在货币政策的股票市场价格传导中的作用。

5.1　投资者结构特征对货币政策股价传导的作用机制检验

2015 年 6 月 12 日,上证指数达到 5166.35 点后急剧下跌。2015 年 6 月开始,中国人民银行开始实行连续降准降息的货币政策操作,但并未如理论预期般抑制股票市场价格下跌,到 2016 年 5 月 3 日上证指数跌到 2992.64 点。由此可见,货币政策对股票价格的传导过程中,投资者情绪起到了不可忽视的作用。中国证券市场规模增长快,但市场投资者结构却极不成熟,增长极不平衡,市场波动幅度大。A 股市场个人投资者占比高、机构力量薄弱是中国投资者结构的主要特征。投资者交易行为是影响市场稳定性的直接因素。个人、机构、非金融企业、政府等不同类型的投资者构成了股票市场的微观主体,直接作用于股票的定价逻辑。不同类型的投资者交易特征各不相同,受到投资技能、专业能力的制约,个人投资者的投资分散性更低,在投资中的投机属性更强。个人投资者的融资方式主要包括自有资金和融资融券交易。融资融券交易是股票市场投资者特有的融资方式,其本质是杠杆资金。自 2010 年融资融券制度开通后,个人投资者信用账户开立数量占比始终维持在 99% 以上[①]。另外,考虑到中国经济不同于发达国家经济的独特之处,表现在资本市场上,其呈现出国有企业占比较高的特征,A 股国有上市公司累计达 1280 家,占比 32.81%,国有上市公司总市值达到 67.2 万亿元,占沪深两市总市值比重超过 70%;融资结构方面也呈现了国有企业为主的特征,沪深两市融资融券标的证券数量 1829,其中国有股 46%,民营股 39%[②]。这些特征可能导致货币政策影响股票市场价格波动的异质性。尤其是中国地方政府在中国经济发展过程中的金融分权现象,地方政府竞相开展地方经济建设锦标赛,通过控制地方金融机构、压低市场利率来为投资而融资;或是政府在向市场分权过程中,将一部分金融资源配置权交于市场,这都为货币政策影响股票市场价格波动的异质性埋下伏笔。

5.1.1　指标选取与数据处理

本节实证分析的数据为 2010 年 3 月至 2021 年 12 月的月度数据,共 142 个观测值。实证分析指标为货币供应量 DLNM2、银行间 7 天同业拆借利率 LNR、股票市场波动率 RSt 以及投资者情绪 SENT。变量定义、符号与计算方法见表 5.1。

表 5.1　变量名称及说明

变量名称	符号	含义
股票市场波动率	RSt	衡量股票市场价格变动
货币供应量	DLNM2	广义货币供应量取对数,再一阶差分
银行间 7 天同业拆借利率	LNR	银行间 7 天同业拆借利率取对数
投资者情绪	SENT	用主成分分析法构建

[①]　根据 Wind 数据库公开数据计算而得。
[②]　数据来源:Wind 数据库公开数据。

　　货币供应量 M2 是指在一国经济中,某一时点可用于各种交易的总货币存量。货币供应量的初始供给是中央银行提供的基础货币。货币供应量根据其流动性大小可以划分为不同的层次,本节则选取广义货币供应量 M2,来考察货币供应量对股市波动的影响。对于货币供应量的原始数据,需做季节调整,再进行对数处理去除可能存在的异方差性,最后对取对数的货币供应量进行一阶差分,记为 DL-NM2。

　　银行间同业拆借利率,是一种金融机构(主要为银行业)之间开展的短期性、临时性的相互资金调剂业务,主要通过中国人民银行设立的"全国银行间同业拆借中心"进行交易。银行间同业拆借主要期限有:日拆、周拆(7 天)、2 周、1 个月、3 个月、6 个月、9 个月、1 年等 8 种。本书选用银行间 7 天同业拆借利率加权平均作为货币政策的代理指标。对于银行间 7 天同业拆借利率的原始数据,需做季节调整,再进行对数处理去除可能存在的异方差性,记为 LNR。

　　股票市场波动率:R_t 代表指数的对数收益,

$$R_t = \ln \frac{S_t}{S_{t-1}} \tag{5.1}$$

用 RS_t 的标准差来衡量股票市场价格的波动情况:

$$RS_t = \sqrt{\frac{1}{n} \sum_{t=1} Rt - \bar{R}} \tag{5.2}$$

其中,V_t 为沪深 300 指数值[①],R_t 为指数的日对数收益率,$\bar{R}$ 为每个月的日平均对数收益率,RV_t 为每月日对数收益率标准差,即股票市场波动率。

　　投资者情绪:本书采用主成分分析法来计算投资者情绪变量,用到的指标有市盈率 X1、成交金额 X2、成交量 X3、封闭基金折价率 X4、新开户数 X5、沪市融资融券余额 X6、深市融资融券余额 X7、换手率 X8、消费者信心指数 X9、投资者信心指数 X10。为避免投资者情绪各指标受时间影响而存在滞后,对所选的 10 个指标滞后一期,共 20 个变量参与主成分分析,分析前先进行标准化处理:

$$Yt = \frac{Yt - E(Yt)}{\sqrt{D(Yt)}} \tag{5.3}$$

进行主成分分析前,先对变量之间的相关性进行检验——KMO 和 Barlett 检验,检验上述指标是否适合做主成分分析。

---

　　① 2005 年由沪、深证券交易所发布的,指数样本选取规模大、流动性强的股票价格的变动。反映我国 A 股市场整体走势的指数。

由表 5.2 可知,投资者情绪 SENT 与 X6、X7、X2、X3、X8、X5 这 6 个指标的相关系数均大于 0.7,存在较高的相关性,下一步将采用这 6 个指标再次进行主成分分析。

表 5.2 SENT 与各指标的相关系数

	X1	X6	X7	X2	X3	X8	X4	X5	X9	X10
sent	0.330	0.924	0.875	0.903	0.863	0.711	0.205	0.828	0.524	0.554

由表 5.3 可以看出 KMO 值为 0.737,大于 0.7,sig 值小于 0.005,数据呈球形分布,个变量在一定程度上相互独立,符合进行主成分分析的标准。

表 5.3 KMO 与 Bartlett 检验

Kaiser-Meyer-Olkin Measure of Sampling Adequacy		0.737
Bartlett test of sphericity	Approx.Chi-Square	1 091.540
	df	15
	Sig.	0.000

由表 5.4 可知,此时只有一个特征值大于 1,则主成分 1 即为最后的投资者情绪指标 SENT。

表 5.4 主成分得分矩阵

主成分	特征值	方差解释力	累计方差解释力
1	4.6515	3.9507	0.7752
2	0.7008	0.3246	0.892
3	0.3762	0.1666	0.9547
4	0.2096	0.1620	0.9897
5	0.0476	0.0333	0.9976
6	0.0143	—	1

通过表 5.5 可以看出,投资者情绪与沪深 300 指数呈显著正相关关系。通过图 5.1 也可知,投资者情绪波动与沪深 300 指数波动的趋势基本一致,这说明构建的投资者情绪指标可以客观反映投资者情绪。

表 5.5 投资者情绪与沪深 300 指数对的相关系数矩阵

	SENT	H300
SENT	1	
H300	0.786***	1

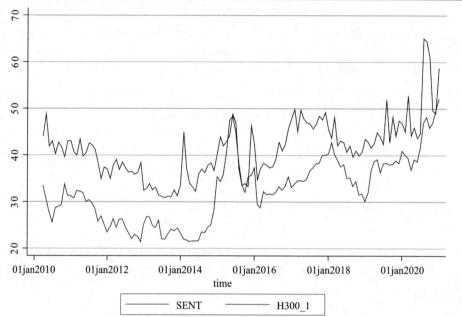

图 5.1 投资者情绪与股市波动的相关系数矩阵与趋势波动图

5.1.2 模型设定与检验

在进行实证分析前,需要进行模型设定、检验序列是否平稳(平稳性检验)以及模型最优滞后阶数的确定。

模型的选择:本书选取的四个变量存在相互影响,实证模型采用 VAR 模型。基本的 VAR 模型公式为:

$$y_t = \varphi_0 + \varphi_1 y_{t-1} + \varphi_2 y_{t-2} + \cdots + \varphi_k y_{t-k} + \mu_t, \quad t = k+1, \cdots, n \quad (5.4)$$

平稳性检验结果见表 5.6,DLNM2 的检验模型为加入截距项趋势项滞后 1 阶,ADF 的统计值为 -9.859,P 值为 0.0000,小于 0.05 置信水平,拒绝有单位根的原假设,故 DLNM2 为平稳序列。LNR 的检验模型为加入截距项趋势项滞后 1 阶,ADF 的统计值为 -6.436,P 值为 0.0000,小于 0.05 置信水平,拒绝有单位根的原假设,故 LNR 为平稳序列。RSt 的检验模型为加入截距项趋势项滞后 1 阶,

ADF 的统计值为 -4.754, P 值为 0.0006, 小于 0.05 置信水平, 拒绝有单位根的原假设, 故 RSt 为平稳序列。SENT 的检验模型为加入截距项趋势项滞后 1 阶, ADF 的统计值为 -4.169, P 值为 0.0050, 小于 0.05 置信水平, 拒绝有单位根的原假设, 故 SENT 为平稳序列。所选取的的四个指标均为平稳序列, 可直接进行 VAR 模型分析。

表 5.6　变量平稳性检验结果

变量	检验类型(λ,T,c)	ADF-test	P-value	平稳性
DLNM2	(λ,T,1)	-9.859	0.0000	平稳
LNR	(λ,T,1)	-6.436	0.0000	平稳
RSt	(λ,T,1)	-4.754	0.0006	平稳
SENT	(λ,T,1)	-4.169	0.0050	平稳

注:(λ,T,c)中 λ、T、c 分别表示常数项、趋势项、滞后阶数。

选取 * 号最多的阶数, 表 5.7 中出现 * 号的阶数为 4 阶、5 阶、6 阶、9 阶, 其中 4 阶、5 阶、9 阶均只出现一个 * 号, 6 阶出现两个 * 号, 6 阶的 * 号个数最多, 则未加入投资者情绪的 VAR 模型最优滞后阶数为 6 阶。

表 5.7　未加入投资者情绪的滞后阶数选取

lag	LL	LR	df	p	FPE	AIC	HQIC	SBIC
0	456.986				9.70E$-$08	-7.63002	-7.60157	-7.55996
1	832.661	751.35	9	0	2.10E$-$10	-13.7926	-13.6788	-13.5124
2	1027.67	390.01	9	0	9.00E$-$12	-16.9188	-16.7196	-16.4284
3	1144.84	234.34	9	0	1.50E$-$12	-18.7368	-18.4523	-18.0362
4	1207.32	124.97	9	0	6.00E$-$13	-19.6357	-19.2658	-18.7249^*
5	1221.56	28.467	9	0.001	5.50E$-$13	-19.7236	-19.2684^*	-18.6026
6	1231.60	20.088	9	0.017	5.4E$-$13*	-19.7412^*	-19.2006	-18.41
7	1238.83	14.454	9	0.107	5.60E$-$13	-19.7114	-19.0855	-18.17
8	1246.09	14.518	9	0.105	5.80E$-$13	-19.6821	-18.9709	-17.9306
9	1258.1	24.038*	9	0.004	5.60E$-$13	-19.7328	-18.9362	-17.7711
10	1262.37	8.5306	9	0.482	6.10E$-$13	-19.6533	-18.7713	-17.4813

表 5.8 中出现 * 号的阶数有 4 阶、5 阶、6 阶、9 阶, 其中 4 阶、5 阶、9 阶均只出现一个 * 号, 6 阶出现两个 * 号, 则加入投资情绪后的 VAR 模型最优滞后阶数为 6 阶。

表 5.8　加入投资者情绪的滞后阶数选取

lag	LL	LR	df	p	FPE	AIC	HQIC	SBIC
0	84.8599				3.00E−06	−1.35899	−1.32106	−1.26557
1	511.866	854.01	16	0	3.00E−09	−8.26666	−8.07699	−7.79958
2	720.115	416.5	16	0	1.20E−10	−11.4977	−11.1563	−10.657
3	837.852	235.47	16	0	2.20E−11	−13.2076	−12.7145	−11.9932
4	903.711	131.72	16	0	9.40E−12	−14.0456	−13.4007	−12.4575*
5	930.508	53.594	16	0	7.90E−12	−14.227	−13.4304*	−12.2653
6	951.052	41.087	16	0.001	7.4E−12*	−14.3034*	−13.3551	−11.968
7	963.881	25.658	16	0.059	7.90E−12	−14.2501	−13.15	−11.541
8	975.21	22.659	16	0.123	8.70E−12	−14.1716	−12.9198	−11.0889
9	994.298	38.175*	16	0.001	8.50E−12	−14.2235	−12.82	−10.7671
10	1006.86	25.123	16	0.068	9.30E−12	−14.1657	−12.6104	−10.3356

5.1.3　实证结果分析

首先对加入和未加入投资者情绪的模型进行 VAR 分析,并进行平稳性检验,进而进行脉冲响应分析。

表 5.9　未加入投资者情绪的 VAR 模型分析结果

VARIABLES	(1) DLNM2	(2) LNR	(3) RSt
L.DLNM2	2.252	−0.392	55.63
L2.DLNM2	−2.219	0.465	6.006
L3.DLNM2	1.395	1.090	−97.50
L4.DLNM2	−0.883	−3.280	101.4
L5.DLNM2	0.579	3.081	1.769
L6.DLNM2	−0.171	−0.516	−66.93
L.LNR	−0.0263	3.386	−1.517

续表

	（1）	（2）	（3）
L2.LNR	0.0514	−4.801	26.74
L3.LNR	0.00609	3.527	−88.54
L4.LNR	−0.0811	−1.241	129.3
L5.LNR	0.0711	0.0824	−92.89
L6.LNR	−0.0210	0.0390	27.35
L.RSt	3.53e−05	0.000285	0.555
L2.RSt	4.72e−05	−0.000742	−0.0150
L3.RSt	−0.000132	0.000740	−0.0176
L4.RSt	0.000159	−0.000795	−0.00469
L5.RSt	−1.97e−05	−0.000264	0.135
L6.RSt	−1.81e−05	−0.000605	0.115
Constant	7.45e−05	0.00618	−0.186

表 5.9 中，L 表示一阶滞后，L2 表示滞后 2 阶，L6 表示滞后 6 阶。

根据表格，可以写出模型如下：

$$\begin{pmatrix} DLNM2 \\ LNR \\ RSt \end{pmatrix} = \begin{pmatrix} 7.45e-05 \\ 0.00618 \\ -0.186 \end{pmatrix} + \begin{pmatrix} 2.252 & -0.0263 & 3.53e-05 \\ -0.392 & 3.386 & 0.000285 \\ 55.63 & -1.517 & 0.555 \end{pmatrix} \begin{pmatrix} DLNM2_{-1} \\ LNR_{-1} \\ RSt_{-1} \end{pmatrix}$$

$$+ \begin{pmatrix} -2.219 & 0.0514 & 4.72e-05 \\ 0.465 & -4.801 & -0.000742 \\ 6.006 & 26.74 & -0.0150 \end{pmatrix} \begin{pmatrix} DLNM2_{-2} \\ LNR_{-2} \\ RSt_{-2} \end{pmatrix}$$

$$+ \begin{pmatrix} 1.395 & 0.00609 & -0.000132 \\ 1.090 & 3.527 & 0.000740 \\ -97.50 & -88.54 & -0.0176 \end{pmatrix} \begin{pmatrix} DLNM2_{-3} \\ LNR_{-3} \\ RSt_{-3} \end{pmatrix}$$

$$+ \begin{pmatrix} -0.883 & -0.0811 & 0.000159 \\ -3.280 & -1.241 & -0.000795 \\ 101.4 & 129.3 & -0.00469 \end{pmatrix} \begin{pmatrix} DLNM2_{-4} \\ LNR_{-4} \\ RSt_{-4} \end{pmatrix}$$

$$+\begin{pmatrix} 0.579 & 0.0711 & -1.97e-05 \\ 3.081 & 0.0824 & -0.000264 \\ 1.769 & -92.89 & 0.135 \end{pmatrix}\begin{pmatrix} DLNM2_{-5} \\ LNR_{-5} \\ RSt_{-5} \end{pmatrix}$$

$$+\begin{pmatrix} -0.171 & -0.0210 & -1.81e-05 \\ -0.516 & 0.0390 & -0.000605 \\ -66.93 & 27.35 & 0.115 \end{pmatrix}\begin{pmatrix} DLNM2_{-6} \\ LNR_{-6} \\ RSt_{-6} \end{pmatrix} \tag{5.5}$$

模型的稳定性检验结果如下:

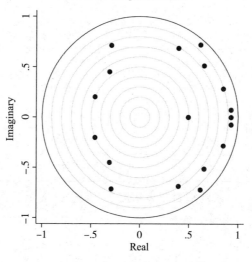

图 5.2　不含投资者情绪的模型稳定性检验

图 5.2 显示,未加入投资者情绪的 VAR 模型的特征根均在单位圆内,可以认为模型是稳定的,可以进行脉冲响应分析。

表 5.10　加入投资者情绪的 VAR 模型分析结果

	(1)	(2)	(3)	(4)
VARIABLES	DLNM2	LNR	RSt	SENT
L.DLNM2	2.227	-0.649	88.52	960.1
L2.DLNM2	-2.163	0.801	-56.43	$-1,361$
L3.DLNM2	1.343	0.762	-48.36	97.98
L4.DLNM2	-0.890	-3.003	97.58	-709.7
L5.DLNM2	0.607	2.742	1.589	2,312
L6.DLNM2	-0.179	-0.323	-75.41	$-1,564$

续表

	（1）	（2）	（3）	（4）
L.LNR	-0.0340	3.309	7.204	-64.26
L2.LNR	0.0692	-4.628	5.497	261.8
L3.LNR	-0.00603	3.382	-69.24	-297.9
L4.LNR	-0.0852	-1.215	124.1	-3.321
L5.LNR	0.0811	0.131	-96.68	171.2
L6.LNR	-0.0253	0.00712	30.06	-69.44
L.RSt	$4.32e-05$	0.000241	0.556	-0.818
L2.RSt	$3.20e-05$	-0.000671	-0.0118	-0.356
L3.RSt	-0.000145	0.000700	-0.0146	-2.078
L4.RSt	0.000127	-0.00140	0.0291	1.485
L5.RSt	$-3.11e-05$	-0.000282	0.166	1.020
L6.RSt	$-3.01e-05$	-0.000935	0.128	0.176
L.SENT	$-8.60e-06$	-0.000173	-0.00266	0.533
L2.SENT	$-1.32e-05$	$-3.22e-05$	0.0281	0.0241
L3.SENT	$1.61e-06$	$9.94e-06$	-0.00260	0.183
L4.SENT	$8.59e-06$	$-4.35e-05$	-0.0155	-0.0250
L5.SENT	$-4.11e-06$	-0.000155	0.0156	0.419
L6.SENT	$-5.22e-06$	0.000175	-0.00165	-0.273
Constant	0.00168	0.0246	-1.854	11.46

根据表 5.10，可以写出模型如下：

$$\begin{pmatrix} DLNM_2 \\ LNR \\ RSt \\ SENT \end{pmatrix} = \begin{pmatrix} 0.00168 \\ 0.246 \\ -1.854 \\ 11.46 \end{pmatrix}$$

$$+ \begin{pmatrix} -2.163 & 0.0692 & 3.20e-05 & -1.32e-05 \\ 0.801 & -4.628 & 0.000671 & -3.22e-05 \\ -56.43 & 5.497 & -0.0118 & 0.0281 \\ -1.361 & 261.8 & -0.356 & 0.0241 \end{pmatrix} \begin{pmatrix} DLNM2_{-2} \\ LNR_{-2} \\ RSt_{-2} \\ SENT_{-2} \end{pmatrix}$$

$$+ \begin{pmatrix} 1.343 & -0.00603 & -0.000145 & 1.61e-06 \\ 0.762 & 3.382 & 0.000700 & 9.94e-06 \\ -48.36 & -69.24 & -0.0146 & -0.00260 \\ 97.98 & -297.9 & -2.078 & 0.183 \end{pmatrix} \begin{pmatrix} DLNM2_{-3} \\ LNR_{-3} \\ RSt_{-3} \\ SENT_{-3} \end{pmatrix}$$

$$+ \begin{pmatrix} -0.890 & -0.0852 & 0.000127 & 8.59e-06 \\ -3.003 & -1.215 & -0.00140 & -4.35e-05 \\ 97.58 & 124.1 & 0.0291 & -0.0155 \\ -709.7 & -3.321 & 1.485 & -0.0250 \end{pmatrix} \begin{pmatrix} DLNM2_{-4} \\ LNR_{-4} \\ RSt_{-4} \\ SENT_{-4} \end{pmatrix}$$

$$(5.6)$$

$$+ \begin{pmatrix} 0.607 & 0.0811 & -3.11e-05 & -4.11e-06 \\ 2.742 & 0.131 & -0.000282 & -0.000155 \\ 1.589 & -96.68 & 0.166 & 0.0156 \\ 2.312 & 171.2 & 1.020 & 0.419 \end{pmatrix} \begin{pmatrix} DLNM2_{-5} \\ LNR_{-5} \\ RSt_{-5} \\ SENT_{-5} \end{pmatrix}$$

$$+ \begin{pmatrix} -0.179 & -0.0253 & -3.01e-05 & -5.22-06 \\ -0.323 & 0.00712 & -0.000935 & 0.000175 \\ -75.41 & 30.06 & 0.128 & -0.00165 \\ -1.564 & -69.44 & 0.176 & -0.273 \end{pmatrix} \begin{pmatrix} DLNM2_{-6} \\ LNR_{-6} \\ RSt_{-6} \\ SENT_{-6} \end{pmatrix}$$

模型的稳定性检验结果:

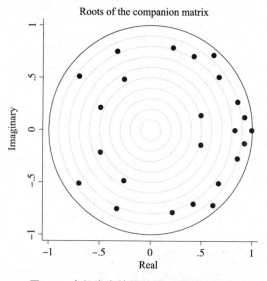

图 5.3　含投资者情绪的模型稳定性检验

由图 5.3 可知,加入投资者情绪的 VAR 模型的特征根均在单位圆内,可以认为模型是稳定的,可以进行脉冲响应分析。

　　图 5.4 表示在不包含投资者情绪时,货币供应量冲击引起的股市波动的变化。在货币供应量增加时,会引起股市波动先呈上升趋势,在第 8 期左右,股市波动开始下降,在第 16 期左右货币供应量对股市波动的影响为 0。

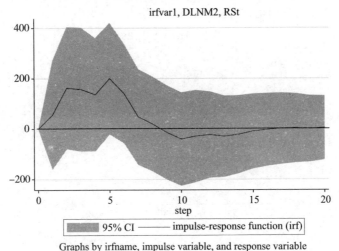

图 5.4　货币供应量与股市波动的脉冲响应图(不含投资者情绪)

　　图 5.5 表示包含投资者情绪时,货币供应量冲击引起的股市波动的变化。货币供应量增加同样会引起股市波动上升,在第 9 期左右,股市波动下降,而第 10 期以后股市波动均小于 0。

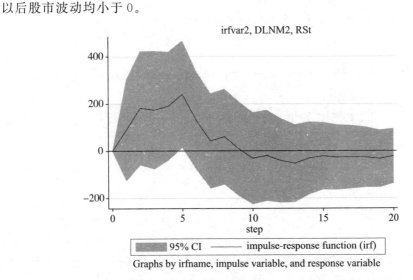

图 5.5　货币供应量与股市波动的脉冲响应图(包含投资者情绪)

对比脉冲响应图可知,包含投资者情绪后,货币供应量变化对股市波动的影响很难消除,影响持续时间会比没有投资者情绪时要长。

图 5.6 表示不包含投资者情绪时,利率冲击引起的股市波动的变化。在利率升高时,会引起股市波动先呈上升趋势,在第 4 期左右,股市波动开始下降,在第 7 期左右,股市波动又开始增加,随后股市波动均大于 0。

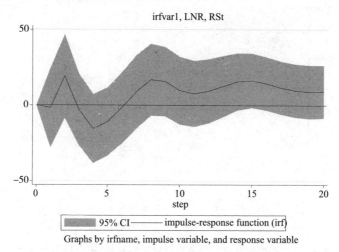

图 5.6　利率与股市波动的脉冲响应图(不含投资者情绪)

图 5.7 表示包含投资者情绪时,利率冲击引起的股市波动的变化。在利率升高时,会引起股市波动先呈上升趋势,在第 3 期左右,股市波动开始下降,在第 6 期左右,股市波动又开始增加,随后股市波动均大于 0。

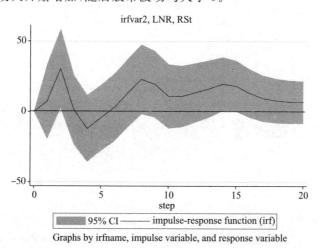

图 5.7　利率与股市波动的脉冲响应图(含投资者情绪)

对比两张图,股市波动的脉冲曲线比较相似,但在包含投资者情绪时,股市波动变化会较不包含投资者情绪时超前一期,因此投资者情绪起到了加快利率变化对股市的影响作用。

由图 5.8 可知,当投资者情绪上升时,会引起股市波动上升,在第 16 期左右,股市波动小于 0,因此投资者情绪对股市波动的影响会持续 16 期左右。

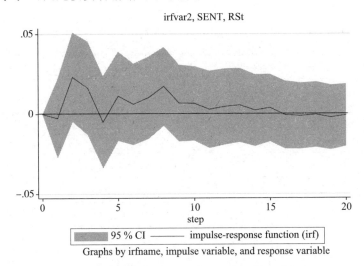

图 5.8　投资者情绪与股市波动的脉冲响应图

由表 5.11 可知,在第 1 期时,股市波动变化有 99.45% 是由自身变化引起的,0.19% 是由货币供应量变化引起的,0.35% 是由利率变化引起的。在 7 期时,货币供应量对股市波动变化影响达到最大,为 6.15%,在第 20 期时,则为 5.62%。而利率对股市波动变化的贡献则是随期数逐渐增加的,在第 20 期时为 5.79%。

表 5.11　不含投资者情绪的方差分解表

step	1	2	3
0	0	0	0
1	0.001912	0.003538	0.994549
2	0.005159	0.004102	0.990739
3	0.015665	0.012141	0.972195
4	0.027407	0.012342	0.96025
5	0.03715	0.019548	0.943301
6	0.055303	0.02301	0.921686

续表

step	1	2	3
7	0.061494	0.022107	0.916399
8	0.059787	0.022199	0.918013
9	0.058268	0.027166	0.914566
10	0.057498	0.031595	0.910907
11	0.057563	0.032998	0.909439
12	0.057365	0.033694	0.908941
13	0.057053	0.034946	0.908001
14	0.057021	0.037693	0.905286
15	0.056984	0.042459	0.900558
16	0.056778	0.047844	0.895378
17	0.056568	0.051918	0.891514
18	0.056398	0.054531	0.889071
19	0.056276	0.056339	0.887385
20	0.056196	0.057873	0.885931

注:(1)impulse＝DLNM2,and response＝RSt;(2)impulse＝LNR,and response＝RSt;(3) impulse＝RSt,and response＝RSt

由表 5.12 可知,股市波动变化有 98.93％是由自身变化引起的,1.07％是由货币供应量变化引起的,利率变化引起的股市变化可以忽略不计。在 7 期时,货币供应量对股市波动变化影响达到最大,为 9.09％,在第 20 期时,则是 8.44％。而利率对股市波动变化的贡献则是随期数逐渐增加的,在 20 期时为 7.17％。投资者情绪对股市波动的贡献在第 14 期达到最大,为 3.56％。

表 5.12　含投资者情绪的方差分解表

step	1	2	3	4
0	0	0	0	0
1	0.010704	6.00E－06	0.98929	0
2	0.018701	0.001765	0.979282	0.000251
3	0.02936	0.023735	0.929747	0.017158

续表

step	1	2	3	4
4	0.043361	0.022884	0.909181	0.024575
5	0.061438	0.025666	0.888238	0.024658
6	0.086405	0.025123	0.861444	0.027028
7	0.090855	0.023902	0.858699	0.026544
8	0.08702	0.02586	0.859427	0.027693
9	0.084834	0.034684	0.84652	0.033963
10	0.083498	0.041498	0.840472	0.034532
11	0.083209	0.043335	0.83819	0.035266
12	0.082923	0.045367	0.836467	0.035243
13	0.082617	0.048301	0.833775	0.035308
14	0.082895	0.052588	0.828947	0.035569
15	0.082948	0.059397	0.822333	0.035321
16	0.082981	0.06515	0.816494	0.035376
17	0.083309	0.06822	0.813232	0.035239
18	0.083596	0.069822	0.81139	0.035192
19	0.083904	0.070878	0.81008	0.035138
20	0.084359	0.071729	0.808725	0.035188

注：(1) impulse = DLNM2, and response = RSt；(2) impulse = LNR, and response = RSt；(3) impulse = RSt, and response = RSt；(4) impulse = SENT, and response = RSt。

对比表 5.11 和表 5.12 可知,加入投资者情绪之后,货币供应量、利率对股市波动变化的影响均增大。这一结论说明,投资者情绪在货币政策对股票市场价格的影响中起着重要的作用,这也要求货币政策对股票市场价格的调控要充分考虑到投资者情绪对货币政策效果的影响,强化货币政策对预期的引导。

我国的股票市场与成立之初相比,无论是参与主体还是交易规模都倍速增长,随着"沪港通""深港通"的落地,资本市场进一步对外开放,许多业绩优异的民营企业、国有企业都已成功上市,股票市场的波动对国民经济造成的影响日益增强。股票市场价格的适度波动,对于增强股票市场的流动性、激发市场主体的活力是有促进作用的,但是股票市场价格的暴涨暴跌,对于金融市场的稳定和宏观经济的有序发展都是极其不利的。资产价格泡沫的形成乃至破裂,威胁到金融稳定。首先,资产价格波动会通过银行信贷对实体经济产生影响,当股票价格高时,企业的市值、估值都会随之上升,那么企业的银行信用评级随之提升,企业更容易获得信贷支持,有充足的资金投资于扩大再生产,当这种投资行为变成社会行为后,整个社会便会出现投资过热现象,这个过程中,银行金融机构的风险逐渐积累,一旦经济遇冷,企业经营业绩下滑,资产价格下跌,最终无力偿还信贷资金,银行系统就会爆发危机。其次,我国的股票市场尚不完全成熟,股票市场的投资者以个人投资者为主,有限的机构投资者也不具备国际专业投资机构的专业水平。当股票市场价格持续上涨时,投资者处于"追涨"心理,大量个人投资者和机构投资者追逐行情入市,股票市场沉淀的资金规模不断扩大。此时,一旦股票市场价格出现下跌行情,个人和机构投资者为了降低损失,会加速"抛跌",机构投资者为了满足客户的赎回需求,会将资金大量撤出股票市场,进一步加速股票价格的下跌,金融市场的不稳定性加剧。这种"追涨抛跌"的非理性行为会放大金融市场交易的风险,对于金融市场的资源配置造成阻碍,当金融风险积累到一定程度时,便会爆发金融危机,从而波及实体经济的健康发展。股票市场价格作为资本市场主体供求关系的表现,不仅仅由宏观经济基本面决定,也受到投资者行为和市场参与者心理预期的影响。

5.2　融资者结构特征对货币政策股价传导的作用机制检验

在资本市场上,呈现出国有企业占比较高的特征,这一特征可能导致货币政策影响股票市场价格波动的异质性。本节将针对命题 3 展开实证分析,即在金融分权过程中,存在针对国有企业的隐性担保或利率优惠。该情形使得国有企业相对更易获取金融资源和资本支持。在货币政策不变的条件下,将表现出股价的产权异质性波动。

5.2.1　指标选取与数据处理

在金融分权 II 的过程中,涌现出了大量非银行金融机构,在特定的历史阶段为地方经济的发展起到了促进作用,其中影子银行和股票市场融资融券制度就是伴随中国式金融分权而出现的典型代表。因此,本书解释变量选取与借鉴何德旭和苗文龙(2016)的研究成果,将金融分权 I 定义为城市银行存贷款余额占全国银行存贷款余额的比值。融资融券是个人投资者的主要融资方式,同时,其本质是金融资源实现市场化配置的体现,属于金融分权Ⅱ的范畴,因此选用融资融券余额作为金融分权Ⅱ的代理变量;控制变量采用 M2(广义货币供应量)和银行间同业拆借利率作为货币政策的代理变量;被解释变量股价的异质性波动采用钟凯(2018)的方法,利用周股价指数计算异质性波动:利用周股价指数数据,计算 Fama-French 模型回归结果的残差后进一步计算月股价指数的残差。其中,股价指数选取中证国企指数和中证民企指数,分别衡量国有企业和民营企业的股价异质性波动。本章选取 2010 年 6 月—2021 年 10 月的月度数据,全部数据来源为 Wind 数据库。

变量设置详见表 5.13。

表 5.13　变量设置

变量名称	含义
SB_t	城市银行存贷款余额占全国银行存贷款余额的比值
SM_t	融资融券余额
VOL_{it}	股价异质性波动($i=$国企或民企)
M^2	广义货币供应
R	银行间同业拆借利率

5.2.2　模型设定与检验

为了检验金融分权对股价的产权异质性波动的影响,设定如下回归模型:

$$VOL_t = \alpha_0 + \alpha_1 SB_t + \alpha_2 SM_t + \alpha_3 CONTR + \varepsilon_t \tag{5.7}$$

其中 CONTR 为控制变量。若 α_1、α_2 显著大于 0,则证明金融分权加剧了股价异质性波动,若 α_1、α_2 显著小于 0,则证明金融分权显著抑制了股价异质性波动。

α_1、α_2 在国企和民企股价异质性波动模型中的显著性水平差异和估计系数差异则体现了股价的产权异质性。

基础回归结果如表 5.14 所示。

表 5.14　民营企业基础回归结果

变量	(1)	(2)	(3)	(4)
M^2	不显著		0.0037* (41.08)	0.0037** (41.08)
R		不显著	0.0000** (1.43)	0.0000** (1.43)
SB_t			0.1974* (2.37)	
SM_t				3.1451** (4.31)
a_0	0.1528* (41.64)	0.1267** (41.67)	0.0627* (20.13)	0.0629** (19.79)
R-square	0.083	0.085	0.372	0.361

其中 $^*p<0.1$；$^{**}p<0.05$；$^{***}p<0.01$。

由表 5.14 可知,货币供给和利率变量对民营企业股价的异质性波动无显著影响。金融分权Ⅰ在 10% 置信水平下加剧民营企业股价异质性波动,金融分权Ⅱ余额在 5% 置信水平下加剧民营企业股价异质性波动,其中金融分权Ⅱ对股价异质性波动的影响大于金融分权Ⅰ。由于我国公开数据中尚无针对金融分权Ⅰ的专门计量指标,本书用城市银行存贷款余额占全国银行存贷款余额的比值衡量,从城市银行资金流向来看,大部分资金流向了房地产市场,股票市场占比较小,而融资融券规模更能体现金融分权在股票市场的影响。

表 5.15　国有企业基础回归结果

变量	(1)	(2)	(3)	(4)
M^2	不显著		0.0027** (33.08)	0.0015* (31.58)
R		不显著	0.0000* (1.66)	0.0000* (1.66)

续表

变量	(1)	(2)	(3)	(4)
SB_t			0.0013* (1.48)	
SM_t Ⅱ			0.0676* (2.31)	
a_0	0.1728* (31.54)	0.4567* (38.97)	0.0397*	0.0279*
R-square	0.013	0.016	0.372	0.361

其中 $^*p<0.1$；$^{**}p<0.05$；$^{***}p<0.01$。

由表 5.15 可知,货币供给和利率变量对国有企业股价的异质性波动无显著影响。金融分权Ⅰ在 10% 置信水平下加剧国有企业股价异质性波动,金融分权Ⅱ在 10% 置信水平下加剧国有企业股价异质性波动,其中金融分权Ⅱ对股价异质性波动的影响大于金融分权Ⅰ,这是由于融资融券标的股中,国有企业的比重占到 46%,金融分权Ⅱ指标对国有企业股价异质性波动影响更大。

5.2.3　实证结果分析

对比分析表 5.14 和表 5.15 的结果,可以判定金融分权Ⅱ对民营企业的股价异质性波动影响大于对国有企业的股价异质性波动的影响,金融分权Ⅰ对国有企业异质性波动影响更大。金融分权Ⅰ的过程中,国有企业相对更易获取金融资源和资本支持,因而金融分权Ⅰ变量对国有股的股价异质性波动影响更显著;金融分权Ⅱ的过程中,融资融券交易制度本质上就是政府向市场分权的产物,在这个过程中民营企业在市场化条件下中获取融资便利,在货币政策不变的条件下,将表现出股价的产权异质性波动。由此命题 3"在金融分权过程中,存在针对国有企业的隐性担保或利率优惠。该情形使得国有企业相对更易获取金融资源和资本支持;当近乎不存在针对国有企业的隐性担保或利率优惠时,地方政府倾向于向市场分权。在货币政策不变的条件下,将表现出股价的产权异质性波动"得到证实。

5.3　本章小结

　　国内外学者对于货币政策对股票市场价格的影响方面的研究侧重点分别聚焦于货币政策对股票市场价格的影响和投资者情绪对于股票市场价格的影响,将货币政策、投资者情绪和股票市场价格三者结合起来进行比较分析的研究较少。本章首先采用实证分析,对比了有无投资者情绪变量时,我国货币政策对股票市场价格的影响,结合主流研究对于投资者情绪的测度方法,采用主成分分析法构建了投资者情绪的代理变量,构建包含投资者情绪和不含投资者情绪的两个模型进行实证分析,结果显示,包含投资者情绪的情况下,货币政策中介目标——货币供应量和利率对股票市场价格的冲击都更大且影响的持续时间更长,命题 3 得到证实。其次,本章采用中证国企指数和中证民企指数分别构建了股价异质性波动指标,构建国有企业与民营企业两个模型,将货币供给量和利率作为控制变量,检验金融分权对股价波动的产权异质性影响。至此,本书第三章所提出的三个命题全部得到证实,回答了本书拟解决的第一个核心问题:货币政策对股票市场价格是否有影响? 通过三个命题的证明,基于中国股票市场投资者结构特征——引入投资者情绪的微观路径下,回答了本书的第一个关键问题:央行可以通过数量型货币政策和价格型货币政策工具影响股票市场,同时,源于中国散户占比高的投资者结构特征,需要考虑投资者情绪在其中的"放大器"效应;央行可以通过数量型货币政策和价格型货币政策工具影响股票市场,同时,源于中国国有产权占比高的融资者结构特征,需要考虑产权异质性在其中的"扰动扭曲"效应。

第6章 货币政策对股票市场价格波动的反应研究

本书第三、四、五章分别从宏观路径和微观路径上回答了本书的第一个关键研究问题——我国货币政策对股票市场价格波动具有显著影响。经济稳定、可持续增长和防风险是我国宏观经济政策的基础性目标。与发达国家成熟的股票市场相比,我国的股票市场仍然处于发展阶段,其价格发现功能与资源配置效率仍有待提升,投资者结构呈现个人投资者占比高的特征,投资者情绪引发羊群效应,为股票市场的系统性风险埋下隐患,叠加全球局势突变和巨大的经济不确定性,依靠市场本身的调节机制难以化解股票价格剧烈波动对整个经济系统带来的负面冲击,因此我国货币政策对股票市场的关注非常必要。我国央行要面对如下问题组合:从现实角度来讲,我国到了需要货币政策对股票市场价格波动作出反应的发展阶段了吗? 从经验证据角度而言,货币政策反应必要吗? 货币政策要如何作出反应呢? 在此基础上,本章讨论本书的第二个关键问题——货币政策是否应当对股票市场价格波动作出反应? 货币政策要如何作出反应? 因此,本章基于现实需求→实证检验的研究思路,结构安排如下:首先,分析股票市场价格波动的货币政策反应的现实需求;其次,对股票市场价格波动的货币政策反应进行实证分析;最后,构建关注股票市场价格波动的货币政策反应函数,这对我国未来的货币政策实践具有重要的现实意义。

6.1 货币政策对股票市场价格波动反应的现实需求

在改革开放初期,我国经济经历了一些"试错"过程,导致了严重的通胀情况,彼时的货币政策最终目标是平抑物价。随着经济运行逐渐回归平稳,20 世纪 80 年代后,我国的货币政策目标逐渐转向经济增长和稳定币值。受 2008 年金融危机影响,央行不断放松货币政策,增加货币供给量、下调存款准备金率,进行利率市场化改革,并且不断完善宏观审慎管理。2012年以来,央行结合金融形势变化以及金融机构信贷执行情况,开始了差别准备金调节等逆周期调控,2016年将差别准备金动态调整机制"升级"为宏观审慎评估体系,将外汇流动性和跨境资金流动纳入宏观审慎管理范畴;央行对于货币供给量的把控开始引入社会融资规模作为参考,并开始通过定向降准,向特定行业释放流动性,货币政策灵活性增强,金融创新增加,更加重视对系统性风险的把控。我国货币政策调控工具在应对经济形势变化过程中不断完善与创新。

6.1.1 我国货币政策的发展历程与趋势

(1)我国货币政策发展历程总结

纵观我国货币政策的演变史,可以总结为四个阶段:

第一阶段:计划经济时期的高度管控阶段(1949—1983年)。

新中国成立之初,百废待举、百业待兴,经济总体呈现出短缺的状态,与此同时,国家开始实行高度集中的计划经济体制,货币政策自然也是执行指令性计划。当时的中国,货币政策服务于"计划",主要的政策目标是"经济增长"。中央银行"统存统贷",存贷款利率由中央统一制定,央行对多余货币供应量的控制简单直接。改革开放后,商业银行成立,信托和保险机构也开始出现,金融机构主体逐渐丰富起来。货币供给和流通中的现金还是执行计划。

第二阶段:总量管理时期(1984—1997年)。

随着改革开放的推进,银行与非银行金融机构纷纷成立,债券市场与股票市场也开始成立,1984年中国人民银行开始建立法定存款准备金率制度,1986年开展票据再贴现业务,1996年央行试行公开市场业务,通过逆回购操作投放货币。这一时期,货币政策调控工具的框架开始搭建起来。

第三阶段:间接工具调控时期(1998—2007年)。

1998年起受到亚洲金融危机波及,经济增速放缓,通货紧缩加剧,为了抑制通缩,货币当局推行宽松的货币政策,不再对商业银行进行贷款规模的绝对管制,货币政策的中介目标开始转向货币供应量。这一阶段,存款准备金制度、再贴现和公开市场操作都更加丰富和完善。2003年实现了银行业、证券业和保险业的分业监管。2007年上海银行间同业拆借利率(Shibor)转入运行阶段,这是我国参与国际基准利率改革迈出的重要一步。

第四阶段:深化改革时期(2008 年至今)。

为应对 2008 年全球金融危机造成的影响,货币政策又趋向适度宽松。除了存款准备金、再贴现、公开市场操作等最基本的货币政策调控工具,还将中期借贷便利、常备借贷便利、抵押补充贷款等工具灵活使用,2018 年创设央行票据互换(CBS)工具,2019 年深化利率市场化改革,改革完善贷款市场报价利率(LPR)形成机制等,2020 年完成存量浮动利率贷款定价基准转换,打破贷款利率隐性下限,货币政策工具的丰富无一不体现了我国货币政策调控工具在应对经济形势变化过程中不断完善与创新。

(2)我国货币政策目标的演变趋势

新中国成立以来,我国从百业待兴到在探索发展中国特色的社会主义市场经济的道路上不断探索、几经波折并取得巨大成就,这其中货币政策发挥着重要的作用。

货币政策目标包括中介目标和最终目标,央行的货币政策一般通过中介目标传导至最终目标。中介目标通常包括利率、货币供应量、信贷规模等;货币政策的最终目标一般指充分就业、物价稳定、产出增长、国际收支平衡。新中国成立初期,是我国经济执行指令性计划的时期,中央银行对于现金和信贷实行严格的计划控制,货币政策的中介目标尚不明确。直到改革开放初期由统存统贷到开始控制信贷规模,货币供应量和信贷规模作为货币政策中介目标的角色日渐明朗化。1993 年,《关于金融体制改革的决定》颁布,明确规定了我国货币政策的中介目标:货币供给量、同业拆借利率、信贷规模和银行备付金。随后央行颁布了我国货币供给量的三个层次,根据流动性分为 M0、M1、M2。亚洲金融危机后,货币供给量开始作为主要的货币政策中介目标,央行对商业银行实行资产负债比例管理,利率市场化进程不断推进。货币政策最终目标的演变过程,在时间线上与货币政策中介目标的演进吻合:在改革开放初期,中国经济经历了一些"试错"过程,导致了通胀严重的情况,彼时的货币政策最终目标是平抑物价。随着经济运行逐渐回归平稳,20 世纪 80 年代后,我国的货币政策目标逐渐转向经济增长和稳定币值。受到 2008 年金融危机影响央行不断放松货币政策,增加货币供给量、下调存款准备金率,进行利率市场化改革,并且不断完善宏观审慎管理。

(3)我国货币政策工具的演变趋势

1983 年,随着《关于中国人民银行专门行使中央银行职能的决定》颁布,存款准备金制度开始实施。1996 年,中国人民银行尝试公开市场业务操作,主要通过逆回购操作投放基础货币。随后设定存款准备金账户,建立差额准备金制度,商业银行的偿付能力进一步提升。20 世纪 80 年代末期,中国人民银行试行再贴现业务,其初始目的是解决部分企业难以偿付贷款的问题,试行一段时间后,商业银行再贴现业务不断丰富和完善,中国人民银行也相继出台了一系列规则来规范再贴现操作。1998 年前后,信贷限额取消后,公开市场业务逐渐成为主要的货币政策工具,实现对货币供给量的操控。此外,2013 年以来,中国人民银行开始通过常备借贷便利、补充抵押贷款等工具提供流动性,2016 年全面将差别准备金机制升级为宏观审慎评估体系,2017 年确立货币政策与宏观审慎政策"双支柱"调控框架,2019 年完善贷款市场报价利率(LPR)形成机制,利率市场化进程不断推进。

6.1.2　我国股票市场的发展趋势

我国股票市场起步晚、历史短暂,但是近年来,我国股票市场发展十分迅速,2004 年证监会批复深交所中小企业板开市,由此拉开了多层次的股票交易市场序幕,2007 年 10 月上证综指达到 6124 点历史最高点位;2008 年融资融券试点开通,丰富了股票市场投资主体的融资渠道,2009 年 10 月,在全球金融危机尾声中,创业板在深交所开板。2015 年 1 月熔断机制实施,6 月 15 日开始,由于场外配资清理、场内融资和分级基金去杠杆形成连锁反应,沪指一路下跌并一度跌破 2900 点。2018 年上交所设立科创板并试点注册制。2019 年新修订的《中华人民共和国证券法》出炉,国家外汇管理局取消合格境外机构投资者(QFII)和人民币合格境外机构投资者(RQFII)投资额度限制,资本市场迎来进一步开放。2020 年 6 月 A 股重新回归 3000 点(如图 6.1 所示)。中国股票市场的发展过程是向中国特色社会主义市场经济转型过程中的重大成就之一,是改革开放孕育的重大成果之一,中国股票市场的发展也同时推动着市场化资源的优化配置。

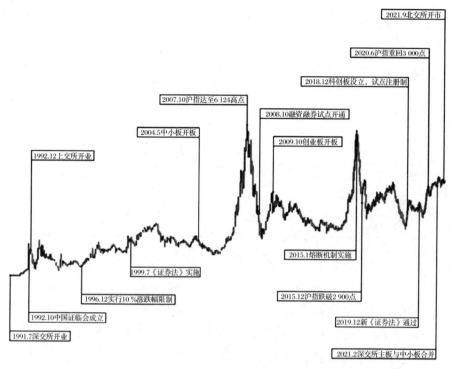

图 6.1　上证综合指数趋势图

数据来源：根据 Wind 数据库公开数据绘制。

6.1.3　将股票市场价格波动纳入货币政策考量的现实基础

（1）股票市场与实体经济密不可分

货币政策是一国央行为了达到经济增长、物价稳定、充分就业等某一个或几个最终目标而运用货币供应量、利率等工具，对宏观经济进行调控的重要手段。近年来随着我国经济发展，货币政策的传导渠道不断完善，货币政策对股票市场价格的影响日益增强。货币政策的股票市场价格传导渠道可以分为两个方面的内容：一方面是货币政策通过利率、货币供给量等中介目标作用于市场价格，另一方面是市场价格传导到实体经济。

近年来，我国股票市场发展十分迅速，一般学术界用股票市场的深度即股票市场总市值占 GDP 的比重来衡量，市值占 GDP 比重一度高达 120%[①]（如图6.2所示）。

---

① 　根据中经网数据库公开的沪深两市上市公司市值总值与 GDP 数据相除得到。

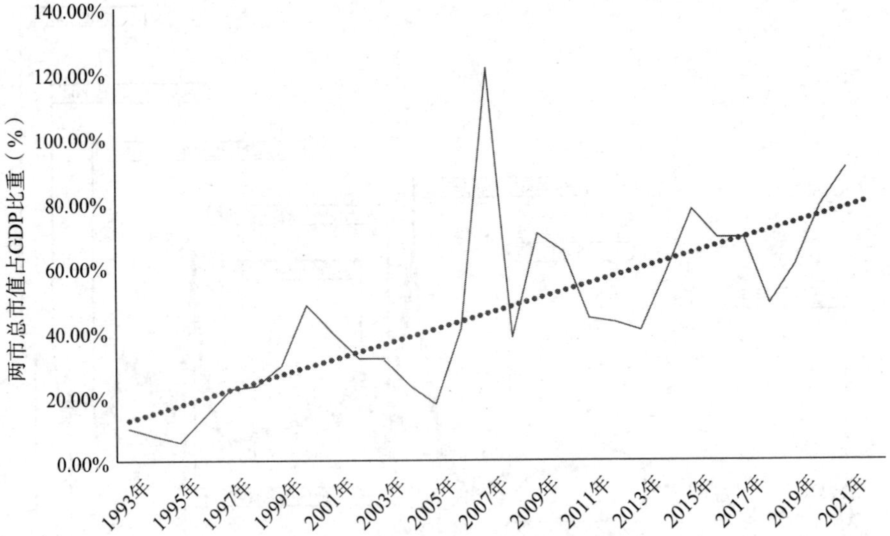

图 6.2 沪深两市总市值占 GDP 比重

数据来源：根据中经网数据绘制

从第二章的分析可知,货币政策是可以通过股票市场传导到实体经济的。

(2)货币供给量对股票市场价格变动影响的现实

股票市场价格除了由其内在价值决定外,还受到许多外部因素扰动的影响,其中货币供应量和利率的变动对股票市场价格的波动有一定的影响。货币供应量对于股票市场价格的影响是通过增加股票市场的需求和提升股票内在价值实现的。当实行宽松的货币政策从而增加货币供给量时,货币需求不变,大量的货币会涌入股票市场,造成股票需求增加,从而引发股票市场价格上涨;从投资组合的角度考虑,当货币供给量增加时,人们持有现金的欲望会降低,此时更加倾向于投资股票资产以获得更高收益,那么股票市场的需求增加,随之引发了股票市场价格的上涨;另外,当货币政策宽松时,企业更易获得信贷资金,使得融资成本下降,净现金流增加,从而使上市公司内在价值提升,股票市场价格随之上涨。

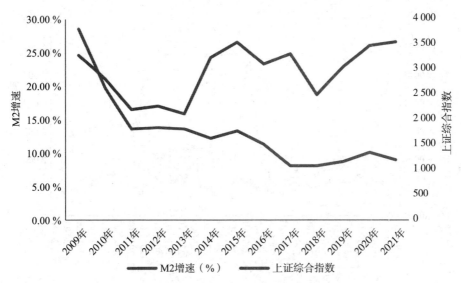

图 6.3　股票市场价格与货币供应量增速的变动趋势

数据来源:根据国泰安数据库数据编制

　　根据 2009 年以来我国货币供应量与上证综指的现实数据来看:2014 年以前,上证综指的变化趋势与 M2 增速变化趋势保持一致;2014 年至 2015 年间,股票市场价格经历了一轮暴涨。从现实角度分析,2015 年的股价暴涨暴跌是资金脱实向虚、市场交易行为杠杆率高企等一系列风险因素累计作用的结果,2016 年股票市场回归冷静后二者的变化趋势又展现出了一致性,股票市场对于货币供给量的变化反应稍有时滞(如图 6.3 所示)。

　　(3)利率对股票市场价格变动影响的现实

　　股票市场价格对利率的变动是比较敏感的,利率通过多方面实现对股票市场价格的影响:利率与上市公司筹资成本直接相关,利率上升直接导致公司经营现金流下降,从而导致股票市场价格下降;从投资者的角度考虑,利率上升时,投资者可将投资组合向债券倾斜以获得更高收益,那么投资股票资产机会成本较高,对股票资产的需求降低,从而导致股票市场价格下降。从理论上分析,股票市场价格与利率呈现反向变动关系。根据现实利率走势来看,基本与推断相同,上证综指处于高位时,利率处于较低水平;反之,上证综指处于低位时,利率保持较高水平,且股票市场价格变动对利率变动较为敏感(如图 6.4 所示)。

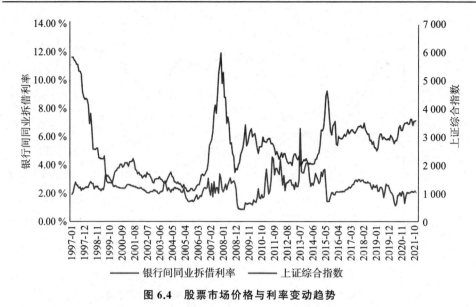

图 6.4 股票市场价格与利率变动趋势

数据来源：根据国泰安数据库数据编制

通过以上分析可知，货币政策与股票市场存在着密切的关联，基于以上的分析也发现了货币政策对于股票市场价格的传导存在一定的时滞性，这说明货币政策通过市场价格调控宏观经济存在窗口期。

6.2 货币政策对股票市场价格波动反应的实证分析

一般而言，传统的货币政策目标包含：经济增长、充分就业、物价稳定、国际收支平衡四方面内容，在货币政策执行过程中，对各目标有所取舍。2008 年全球金融危机发生后，世界各国对于货币政策在维护金融稳定方面不可忽视的作用有了更加深刻的认识，货币政策目标的多样化及各目标间的平衡问题日益成为学术界关注的焦点。本书研究的核心在于货币政策对股票市场价格的影响，由于股票市场的特殊性：既是经济发展的晴雨表，又是金融市场的重要组成部分，股票市场价格的波动对实体经济影响深远，这也是货币政策关注股票市场价格的出发点，货币政策对股票市场价格的调控应当兼顾物价稳定目标与金融稳定目标。

6.2.1　货币政策目标与股票市场价格波动的关系

从货币政策的国际实践来看:1929—1933 年经济大萧条时期,为了刺激需求、提振经济,货币政策的主要目标是经济增长,此后直到 20 世纪 70 年代,货币政策的核心思想是"相机抉择",20 世纪 70 年代出现"滞胀"后,货币政策的目标转向控制通胀。菲利普斯曲线为这一阶段的货币政策提供了指导,即以牺牲经济增长为代价来控制通胀。随着布雷顿森林体系的崩溃,到 1990 年后,各国货币政策的主要目标逐渐转向"物价稳定"。货币政策目标的转变过程,使得通货膨胀指标越来越被当局重视。货币当局除了维护物价稳定,也承担起了维护金融稳定的责任。对于"金融稳定"学术界尚无统一的定义,它指代一种状态:一个国家的金融体系不存在异常剧烈的波动,资金的中介功能得以实现,行业协调发展。斯坦(2012)明确了金融稳定政策的目标:从规范的角度来看,需要解决基本市场失灵,即不受监管的私人货币创造可能导致一种外部性,在这种外部性中,中介机构发行了太多的短期债务,使金融体系在代价高昂的金融危机中过于脆弱。维护金融稳定的原则:在商业银行是唯一贷款人的简单经济体中,如何利用公开市场操作等传统货币政策工具来调节这种外部性,而在更发达的经济体中,用其他措施来补充货币政策可能是有益的。作为货币政策目标的物价稳定与金融稳定之间是一种什么样的关系呢? 学术界认为,金融稳定与物价稳定目标短期内可能存在冲突,但具有长期一致性,二者是相互促进的。

虽然金融稳定目前还没有纳入货币政策目标框架之内,但各国央行已经承担了维护金融稳定的职能,金融不稳定会通过影响人们的预期对货币政策的实施效果造成负面影响,例如,当金融行业出现巨大波动时,人们对未来缺乏正面的预期,出于谨慎需求,会更倾向于持有更多的流动性资金以应对突发事件,这时如果银行信贷收紧,就会影响货币供给,导致实体经济下滑。股票市场价格的波动对实体经济的影响也有很大程度是通过对金融稳定的冲击传导到实体经济的。在市场经济下,股票市场价格的波动是不可避免的,然而股票市场价格的波动会带来整个社会福利水平的变动,历史上很多次金融危机的发生都是股票市场价格泡沫的破裂引发的,股票市场价格波动的资产负债表效应包括企业、个人和银行的资产负债表,例如,当股票市场价格下降时,个人和企业资产负债表恶化,通过银行获得信贷的相关抵押品价值同样下降,从而导致银行金融机构的资产负债表恶化,金融不稳定发生,累及实体经济发展。传统的货币政策目标盯住物价稳定,而对金融稳定没有过分关注,那么在通货膨胀目标与金融稳定目标发生冲突时,货币当局往往会选择以物价稳定目标优先,并且对于股票市场价格泡沫的识别也有一定的难度。可以确定的是股票市场价格的剧烈波动对金融稳定存在影响,并且波动幅度越大,对金融稳定进而影响实体经济的危害越大。股票市场价格的波动与其他金融资产相比波动幅度更大、更频发,股票市场存在着一定程度的投机行为,一旦投资者对于股票市场的未来走势持乐观态度,那么极有可能由于投机心理驱动,引发投资过热现象促使股票市场价格进入非理性上涨状态;反之,如果投资者对股票市场预期不乐观,大量抛售股票,也会造成股票市场价格的暴跌,因而股票价格的波动对金融稳定造成了极大影响。那么分析股票价格与物价稳定、金融稳定的关系,或可为货币政策关注市场价格提供相应的切入点。

通过图 6.5 可以看出,2000 年后,我国的居民消费价格指数与股票价格水平的变化呈现趋势上的一致性。分析我国 2000 年后几次物价较大幅度上涨的情况和股票市场价格的异常波动情况发现,2003 年左右,我国出现了一波基建投资过热风潮,由此带来以能源价格、建筑原料价格上涨为代表的通货膨胀,紧接着 2007 年,人民币升值引发大量热钱流入建筑领域,引发上游材料价格上涨,加之国际市场上原油价格的上涨,形成输入型通货膨胀。后期为缓解 2008 年金融危机造成的影响,投放 4 万亿元投资,放宽了信贷管制等,伴随而来的是又一轮通货膨胀。在 2001 年后,我国的证券市场经历了股权分置改革,改革阵痛体现在股票价格的低迷,改革消化期过后到 2008 年金融危机爆发前,股票市场价格出现了一轮暴涨。股票价格波动和通货膨胀变动的一致趋势是否意味着股价的波动传递了物价波动的信息? 本章后面的部分将针对此展开实证分析。

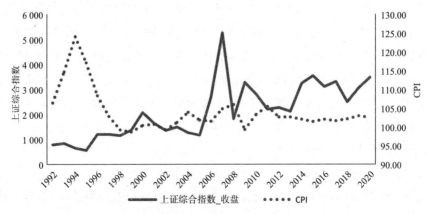

图 6.5　我国 CPI 与上证、深证综合指数走势

数据来源:根据中经网数据库公开数据编制

6.2.2　股票市场价格波动对货币政策目标影响的实证检验

近年来,随着我国证券市场的不断发展和完善,市场规模和交易量进一步扩大,股票价格作为市场价格的组成部分,对宏观经济的影响力日益增强。通过对国内研究的回顾,可以发现,股票价格对于通胀水平是具有预测性的,或者说,股票价格的波动在某种程度上能够传递通货膨胀的信息。那么本章将采用我国股票市场价格数据与通货膨胀数据,构建 SVAR 模型,验证股票价格的信息传递性,以及对于实体经济的影响程度。

(1)变量设置

本书选择 M1 和 M2 作为货币供应量代理变量,利率变量用银行间 7 日同业拆借加权平均利率作为代理变量,股票价格指数选取上证综合指数和深证成分指数两种证券市场上具有代表性的两种股票价格指数为代表,物价指数选用月度环比 CPI 作为代理变量,实体经济的代理变量用月度工业增加值代替。数据跨度从 1998 年 1 月—2020 年 12 月,采用月度数据。为了避免季节性因素对时间序列数据的影响,运用 Census X12 法去除季节性因素对各个变量的影响,考虑到结构向量自回归模型中可能出现异方差现象,对除了利率、CPI 和产出外的变量取自然对数并进行一阶差分,货币供应量 M1、M2 以增长率的形式呈现,股票价格指数则以收益率的形式呈现(如表 6.1 所示)。数据中 M1、M2 和利率来源于中国人民银行公开数据,其他数据来源于中经网数据库。

表 6.1　变量名称

变量名称	符号
M1 增长率	M1
M2 增长率	M2
银行间同业拆借利率(7 天)	R
CPI 增长率	CPI
GDP 缺口	YGAP
上证综指收益率	SCI
深证成指收益率	SZCI

（2）模型设定与识别

向量自回归模型（VAR）把系统中所有内生变量作为其滞后值的函数来构造模型，从而将单变量自回归模型推广到由多元时间序列变量组成的"向量"自回归模型：

$$W_t = \boldsymbol{\Phi}_1 W_{t-1} + \cdots + \boldsymbol{\Phi}_p W_{t-p} + \boldsymbol{H} V_t + \boldsymbol{\varepsilon}_r \tag{6.1}$$

其中：W_t 是 k 维内生变量，v_t 是外生变量，p 是滞后阶数，T 是样本个数；ε_t 是 k 维扰动列向量。

$$\begin{pmatrix} w_{1t} \\ w_{2t} \\ \vdots \\ w_{kt} \end{pmatrix} = \boldsymbol{\Phi}_1 \begin{pmatrix} w_{1t-1} \\ w_{2t-1} \\ \vdots \\ w_{kt-1} \end{pmatrix} + \cdots + \boldsymbol{\Phi}_p \begin{pmatrix} w_{1t-p} \\ w_{2t-p} \\ \vdots \\ w_{kt-p} \end{pmatrix} + \boldsymbol{H} \begin{pmatrix} v_{1t} \\ v_{2t} \\ \vdots \\ v_{dt} \end{pmatrix} + \begin{pmatrix} \varepsilon_{1t} \\ \varepsilon_{2t} \\ \vdots \\ \varepsilon_{kt} \end{pmatrix} \tag{6.2}$$

VAR 模型当期相关性在误差项的结构之中是无法解释的，而结构 VAR 模型（Structural VAR，SVAR），即在模型中包含变量之间的当期关系，可以解决 VAR 模型误差项的相关性问题。SVAR 模型可以表示为 6.3 式：

$$x_t = b_{10} + b_{12} z_t + \gamma_{11} x_{t-1} + \gamma_{12} z_{t-1} + u_{xt}$$
$$z_t = b_{20} + b_{21} x_t + \gamma_{21} x_{t-1} + \gamma_{22} z_{t-1} + u_{zt} \tag{6.3}$$

在模型 6.3 中假设：变量过程是平稳随机过程；随机误项是白噪声序列，假设方差 $\sigma_x^2 = \sigma_z^2 = 1$；随机误差之间不存在相关关系。SVAR 模型引入了变量之间的相互作用。

通过前文的分析，可以做出推测：股票价格的变动可能通过对投资与消费的影响传导到实体经济，使得产出和物价水平发生变化，这也就意味着股票价格的波动冲击会作用于产出和通货膨胀变量，借鉴张立军（2016）对于股票价格与通货膨胀关系的测度方法，下面将运用 Eviews8.0 软件对 SVAR 模型进行分析。

表 6.2　描述性统计结果

	M1	M2	R	CPI	YGAP	SCI	SZCI
均值	14.03912	15.10812	2.993602	0.155556	0.004567	0.003635	0.004053
中位数	13.9	14.6	2.7	0.1	0.003501	0.004773	0.005518
最大值	38.96	29.74	8.79	2.6	8.369416	0.277017	0.362233
最小值	0.4	7.97	0.99	−1.8	−5.162916	−0.276375	−0.297319

续表

	M1	M2	R	CPI	YGAP	SCI	SZCI
标准差	7.043398	4.302385	1.198418	0.692555	1.77483	0.076271	0.087891
偏度	0.471062	0.849737	1.671802	0.072161	0.243586	−0.34536	0.00643
峰度	3.38372	4.554518	7.643115	3.536521	5.170172	5.044634	4.477396
J—B 检验	11.25386	57.68905	356.028	3.356932	53.79842	50.65163	23.73865

从表 6.2 描述性统计结果可以看出,在所有变量中 M1 的方差最大,数据出现较大的波动,M2 次之,其余指标变化比较平稳。

表 6.3 显示了各变量的单位根检验结果,全部数据序列的检验值＜临界值,所有变量序列都平稳,经过季节调整,变量数据取自然对数,而后进行一阶差分,体现为变量的变化率。

表 6.3　变量稳定性检验结果

变量	ADF 值	临界值	PP 值	临界值	平稳性
M1	−6.47	−3.455**	−19.379	−3.455**	平稳
M2	−7.056	−3.455**	−16.755	−3.455**	平稳
R	−11.14	−3.455**	−20.617	−3.455**	平稳
CPI	−17.38	−3.455**	−64.579	−3.455**	平稳
YGAP	−12.12	−3.455**	−6.313	−3.455**	平稳
SCI	−10.897	−3.455**	−79.626	−3.455**	平稳
SZCI	−10.500	−3.455**	−78.402	−3.455**	平稳

注:**$P<0.01$。

由表 6.4 和表 6.5 可以看出,根据 P 值判断,至多存在 2 组协整结果表明 SCI 与两组变量之间都存在长期均衡稳定的协整关系。SZCI 则至多存在 4 组协整关系。基本可以判定 SCI、SZCI 与各变量之间存在长期均衡关系。

表 6.4 SCI 与各变量的协整关系检验结果

原假设	特征值	迹检验			特征根检验		
		迹统计量	5%临界值	P 值	最大特征根	5%临界值	P 值
None *	0.475872	318.18	103.8473	0	161.5046	40.9568	0
At most 1 *	0.252657	156.6754	76.97277	0	72.80776	34.80587	0
At most 2 *	0.170858	83.86761	54.07904	0	46.841	28.58808	0.0001
At most 3 *	0.073909	37.02661	35.19275	0.0314	19.19568	22.29962	0.1284
At most 4 *	0.04885	17.83093	20.26184	0.1045	12.52077	15.8921	0.1577
At most 5 *	0.021017	5.310159	9.164546	0.2511	5.310159	9.164546	0.2511

表 6.5 SZCI 与各变量的协整关系检验结果

原假设	特征值	迹检验			特征根检验		
		迹统计量	5%临界值	P 值	最大特征根	5%临界值	P 值
None *	0.6379	518.0031	83.93712	0.0001	260.0537	36.63019	0.0001
At most 1 *	0.368414	257.9494	60.06141	0	117.6373	30.43961	0
At most 2 *	0.29115	140.3121	40.17493	0	88.09255	24.15921	0
At most 3 *	0.11644	52.2195	24.27596	0	31.69176	17.7973	0.0002
At most 4 *	0.071111	20.52775	12.3209	0.0017	18.88414	11.2248	0.0019
At most 5 *	0.0064	1.643607	4.129906	0.2347	1.643607	4.129906	0.2347

表 6.6 各变量与 SZCI 的格兰杰因果关系

序号	Null Hypothesis	Obs	F-Statistic	Prob.	结论
1	CPI does not Granger Cause SZCI	252	0.2788	0.8915	接受原假设
2	M1 does not Granger Cause SZCI	252	0.15502	0.9606	接受原假设
3	R does not Granger CauseSZCI	252	3.10413	0.0162	拒绝原假设
4	M2 does not Granger CauseSZCI	252	1.22188	0.3021	接受原假设
5	YGAP does not Granger Cause SZCI	252	1.22584	0.3004	接受原假设

表 6.7　各变量与 SCI 的格兰杰因果关系

序号	Null Hypothesis	Obs	F-Statistic	Prob.	结论
1	CPI does not Granger Cause SCI	252	1.55918	0.1285	接受原假设
2	M1 does not Granger Cause SCI	252	1.23129	0.2625	接受原假设
3	R does not Granger CauseSCI	252	3.21251	0.0135	拒绝原假设
4	M2 does not Granger Cause SCI	252	0.52481	0.7176	接受原假设
5	YGAP does not Granger Cause SCI	252	0.1932	0.9418	接受原假设

由表 6.6 和表 6.7 各变量与 SZCI、SCI 的格兰杰因果关系检验结果可以看出，只有利率变量与 SCI、SZCI 存在格兰杰因果关系，这与之前的分析推断基本一致，货币政策对市场价格的影响更大程度上通过利率实现。

表 6.8　SCI 与 YGAP、CPI 的格兰杰因果关系

序号	Null Hypothesis	Obs	F-Statistic	Prob.	结论
1	SCI does not Granger Cause CPI	252	2.188	0.045	拒绝原假设
2	SCIdoes not Granger Cause YGAP	252	3.1012	0.0204	拒绝原假设

由表 6.8 各变量与 SCI 的格兰杰因果关系检验结果可以看出，SCI 与 CPI 以及 YGAP 均存在格兰杰因果关系。

表 6.9　SZCI 与 CPI、YGAP 的格兰杰因果关系

序号	Null Hypothesis	Obs	F-Statistic	Prob.	结论
1	SZCI does not Granger Cause CPI	252	1.034	0.1285	接受原假设
2	SZCIdoes not Granger Cause YGAP	252	2.154	0.022	拒绝原假设

由表 6.9 各变量与 SZCI 的格兰杰因果检验结果关系可以看出，SZCI 与 CPI 不存在格兰杰因果关系，但是与 YGAP 是存在格兰杰因果关系的。

表 6.10　包含 SCI 的 VAR 模型的滞后阶数判断结果

Lag	LogL	LR	FPE	AIC	SC	HQ
1	−1306.545	NA	0.001571	10.57122	11.07257	10.77291
2	−913.2166	749.4914	9.43E−05	7.757611	8.76032	8.160989
3	−827.9868	158.38	6.40E−05	7.369974	8.874038	7.975041

续表

Lag	LogL	LR	FPE	AIC	SC	HQ
4	−701.5433	228.992	3.15E−05	6.657822	8.663239*	7.464577*
5	−649.7958	91.27118	2.79E−05	6.533826	9.040598	7.542269
6	−610.4878	67.47367	2.73e−05*	6.507778*	9.515905	7.717911
7	−580.314	50.36884	2.88E−05	6.553654	10.06313	7.965475
8	−547.8917	52.59058*	2.99E−05	6.581824	10.59266	8.195334

表 6.11　包含 SZCI 的 VAR 模型的滞后阶数判断结果

Lag	LogL	LR	FPE	AIC	SC	HQ
1	−1299.177	NA	0.002281	10.94407	11.46005	11.15188
2	−922.7355	715.8558	1.40E−04	8.153569	9.185521	8.569182
3	−840.909	151.5801	9.63E−05	7.777943	9.32587	8.401362
4	−719.0042	219.8284	4.77E−05	7.073805	9.137708*	7.905031*
5	−667.1718	90.91926	4.21E−05	6.944031	9.523909	7.983063
6	−625.8312	70.48231	4.05e−05*	6.900255*	9.996109	8.147094
7	−594.4231	52.00344	4.24E−05	6.937895	10.54972	8.39254
8	−560.7923	54.02990*	4.37E−05	6.957314	11.08512	8.619766

由表 6.10 和表 6.11 最优滞后阶数可以看出,无论是上证还是深成指数,其滞后 4 期与滞后 6 期均表现出较优现象。综合考虑本书选择滞后 4 阶的 VAR 模型即 VAR(4)。

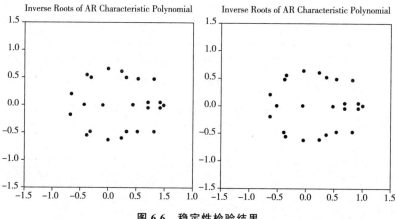

图 6.6　稳定性检验结果

判断 SVAR 模型稳定条件是 AR 特征方程的特征根倒数的绝对值小于 1。由图 6.6 中可知，包含 SCI、SZCI 的 SVAR 倒数模全部位于单位圆之内，表明所依据的 SVAR(4) 模型稳定，从而保证了进一步研究的有效性。

从图 6.7 中可以看出，SCI 对 YGAP 随时间的推移正向影响效应逐步减弱，大约在第 5 期左右，呈现出负向影响，之后在 10 期后又表现出正向影响效应，表明 SCI 对 YGAP 的影响是不稳定的。SCI 对 CPI 随时间的推移正向影响效应逐步减弱，但比对 YGAP 的影响持续时间长，大约持续到 15 期左右。

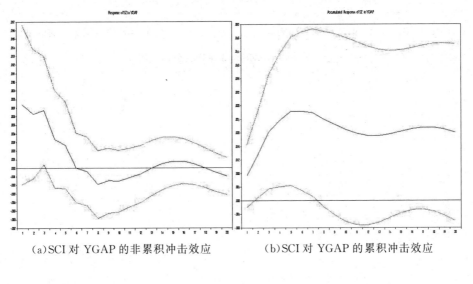

（a）SCI 对 YGAP 的非累积冲击效应　　　　（b）SCI 对 YGAP 的累积冲击效应

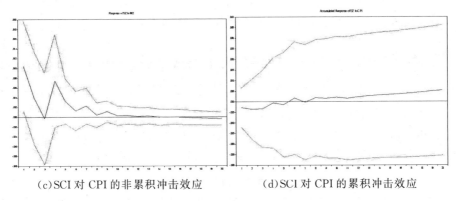

（c）SCI 对 CPI 的非累积冲击效应　　　　（d）SCI 对 CPI 的累积冲击效应

图 6.7　SCI 脉冲响应图示

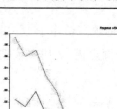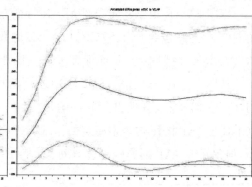

（a）SZCI 对 YGAP 的非累积脉冲响应　　（b）SZCI 对 YGAP 的累积脉冲响应

图 6.8　SZCI 的脉冲响应图示

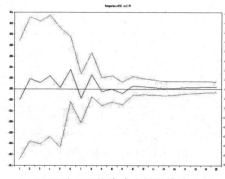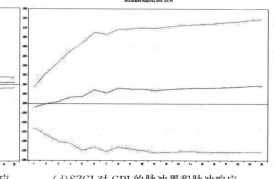

（c）SZCI 对 CPI 的脉冲非累积脉冲响应　　（d）SZCI 对 CPI 的脉冲累积脉冲响应

图 6.8　SZCI 的脉冲响应图示（续）

从图 6.8 中可以看出，SZCI 对 YGAP 随时间的推移正向影响效应逐步减弱，持续期也比较短，大约持续到第 5 期左右，呈现出负向影响，之后在 13 期后又表现出正向影响效应，表明 SZCI 对 YGAP 的影响是不稳定的。SZCI 对 CPI 的影响同样呈现出不稳定特征，随时间的推移正向影响效应逐步减弱，大约在 6－8 期呈现负向影响，随后也有小幅波动，直至影响减弱。

表 6.12　变量 CPI 的方差分解表

时期	SCI	M1	M2	R	CPI	YGAP
1	0.14	1.25	0.05	0.24	98.32	0.00
2	0.77	1.90	0.12	0.43	96.45	0.34

续表

时期	SCI	M1	M2	R	CPI	YGAP
3	0.80	2.38	0.99	0.50	94.99	0.35
4	0.89	2.44	0.97	0.59	94.60	0.52
5	1.42	2.61	0.95	0.64	93.13	1.25
6	1.41	2.59	0.95	0.67	92.11	2.26
7	1.40	2.58	0.97	0.66	91.22	3.17
8	1.39	2.57	0.98	0.70	90.68	3.68
9	1.41	2.57	1.00	0.70	90.55	3.77
10	1.46	2.56	1.07	0.72	90.39	3.79
11	1.48	2.55	1.16	0.78	89.86	4.18
12	1.49	2.52	1.24	0.83	88.99	4.93
13	1.48	2.50	1.34	0.89	88.14	5.66
14	1.47	2.49	1.41	0.93	87.66	6.04
15	1.47	2.48	1.46	0.96	87.54	6.09
16	1.48	2.48	1.50	0.96	87.47	6.11
17	1.48	2.47	1.52	0.96	87.23	6.33
18	1.49	2.46	1.53	0.96	86.85	6.72
19	1.49	2.46	1.54	0.95	86.51	7.06
20	1.48	2.45	1.56	0.95	86.34	7.22

表 6.13　变量 YGAP 的方差分解表

时期	SCI	M1	M2	R	CPI	YGAP
1	0.97	0.75	0.03	0.41	0.04	97.80
2	1.21	1.09	0.01	0.81	0.15	96.72
3	1.37	1.48	0.01	1.32	0.26	95.56
4	1.37	2.00	0.01	1.73	0.28	94.62
5	1.33	2.80	0.03	1.96	0.24	93.64

续表

时期	SCI	M1	M2	R	CPI	YGAP
6	1.31	3.90	0.17	2.00	0.25	92.37
7	1.27	4.75	0.54	1.96	0.34	91.14
8	1.13	4.70	0.99	1.99	0.41	90.78
9	0.94	4.16	1.30	2.09	0.38	91.13
10	0.82	3.76	1.45	2.17	0.33	91.47
11	0.84	3.64	1.52	2.19	0.32	91.49
12	1.05	3.68	1.53	2.18	0.36	91.21
13	1.35	3.66	1.51	2.21	0.42	90.86
14	1.59	3.50	1.47	2.32	0.46	90.66
15	1.70	3.31	1.42	2.48	0.46	90.63
16	1.71	3.20	1.40	2.64	0.44	90.62
17	1.69	3.20	1.39	2.75	0.43	90.53
18	1.69	3.27	1.39	2.80	0.43	90.43
19	1.69	3.31	1.38	2.78	0.43	90.41
20	1.66	3.27	1.38	2.73	0.43	90.53

从表 6.12 和表 6.13 可以看出,SCI 对 CPI 的方差的解释率为 0.14％左右,随时间推移增强,同样 SCI 对 YGAP 的方差的解释率为 0.97％左右,随时间推移增强。

表 6.14　SZCI 的方差分解

时期	YGAP	SZCI	R	M2	M1	CPI
变量 CPI						
1	0.17	0.03	0.44	0.07	1.27	98.01
2	0.41	0.53	0.61	0.32	1.50	96.64
3	0.40	0.76	0.76	1.60	1.57	94.91
4	0.51	1.18	0.80	1.61	1.73	94.16
5	1.01	1.66	0.90	1.61	2.02	92.79

时期	YGAP	SZCI	R	M2	M1	CPI
变量 CPI						
6	1.90	1.70	0.91	1.60	2.06	91.83
7	2.69	1.68	0.90	1.66	2.05	91.01
8	3.15	1.70	0.91	1.68	2.04	90.53
9	3.22	1.76	0.91	1.69	2.04	90.38
10	3.26	1.80	0.93	1.72	2.06	90.22
11	3.69	1.81	0.95	1.77	2.08	89.70
12	4.52	1.79	0.97	1.81	2.11	88.80
13	5.35	1.78	0.99	1.87	2.13	87.89
14	5.78	1.77	1.03	1.92	2.14	87.37
15	5.85	1.77	1.04	1.96	2.16	87.22
16	5.86	1.77	1.05	2.00	2.16	87.16
变量 CPI						
17	6.09	1.76	1.05	2.02	2.15	86.92
18	6.49	1.76	1.05	2.03	2.15	86.54
19	6.84	1.75	1.04	2.04	2.14	86.19
20	7.01	1.75	1.04	2.05	2.14	86.01
变量 YGAP						
1	100.00	0.00	0.00	0.00	0.00	0.00
2	99.84	0.00	0.10	0.01	0.03	0.04
3	99.44	0.00	0.35	0.02	0.09	0.09
4	98.99	0.00	0.62	0.03	0.25	0.10
5	98.34	0.02	0.84	0.05	0.68	0.08
6	97.20	0.03	0.96	0.05	1.65	0.11
7	95.61	0.03	0.94	0.05	3.18	0.19
8	94.33	0.05	0.84	0.07	4.48	0.23
9	93.69	0.17	0.77	0.11	5.06	0.20

续表

时期	YGAP	SZCI	R	M2	M1	CPI
变量 CPI						
10	93.26	0.39	0.76	0.15	5.27	0.17
11	92.78	0.69	0.75	0.17	5.42	0.19
12	92.32	1.00	0.75	0.18	5.51	0.25
13	92.15	1.20	0.76	0.18	5.42	0.30
14	92.34	1.23	0.82	0.19	5.11	0.31
15	92.66	1.16	0.93	0.22	4.74	0.30
16	92.85	1.10	1.04	0.25	4.48	0.28
17	92.85	1.07	1.14	0.29	4.38	0.28
18	92.75	1.07	1.20	0.30	4.40	0.28
19	92.68	1.07	1.21	0.31	4.45	0.28
20	92.71	1.05	1.19	0.30	4.47	0.28

表 6.14 方差分解结果说明与上证综指相比,深成指对产出和 CPI 呈现出相对较弱的冲击效果并且 CPI 对 SCI 冲击的反应有一定的滞后性。

(3)实证结果分析

本节实证分析的目的是检验股票价格变动对实体经济与通货膨胀的传导作用,以及股票价格的变动是否传递了一定的通货膨胀信息。通过观察实证分析的结果,股票价格指数与通货膨胀指标(CPI)、产出指标(YGAP)之间存在格兰杰因果关系。这说明股票市场价格的波动对通货膨胀水平是有影响的。脉冲响应分析和方差分解结果显示,股票市场价格变动的冲击对于 CPI 和产出变量均有影响,其中对 CPI 的正向影响持续时间长于对产出变量的影响,而股票价格对于产出变量的影响呈现出不稳定的特点,这说明股票市场价格变动一定程度上承载了通货膨胀的信息。对于产出影响的不稳定性,是由于我国股票市场规模相对于整个国民经济规模来说体量仍然不足,对于产出的影响不够持续,但也不能因此只关注股票价格对通货膨胀的影响而忽视股票价格波动对实体经济的影响,股票市场价格波动对实体经济的影响也会在通货膨胀指标上有所体现。综上所述,股票市场价格对预测未来的通货膨胀有一定作用,股票市场的稳定发展对于宏观经济健康运行意义重大。

6.3　构建关注股票市场价格波动的货币政策反应函数

我国在货币政策调控方面,主要以数量型工具为主,辅以价格型货币政策工具。随着近年来宏观经济态势的变化,金融创新不断深化,利率市场化的进程不断推进,数量型货币政策调控逐渐不能完全满足我国当前宏观调控的需求。从货币政策调控的国际经验上看,20 世纪 80 年代后,世界各国逐渐转向价格型货币政策调控,1993 年,泰勒(Taylor)提出的利率、通胀与产出缺口间的均衡关系式——泰勒规则,成了指导各国进行价格型货币政策调控的规则之一,泰勒规则在中国的适用性已得到国内学者的广泛探讨,本书不再就适用性进行深入探讨。我国的货币政策目标主要集中在经济增长和物价稳定方面,近年来,央行被赋予了维护金融稳定的职能,本节的目标,旨在构建引入股票市场价格的我国货币政策反应函数,比较包含和不包含股票市场价格的货币政策反应函数,分析货币政策是否应当关注股票市场价格的波动。

6.3.1　我国货币政策反应函数的模型构建

货币政策规则是央行在实施货币政策调控的过程中遵循的规则,要确定我国的货币政策反应函数,首先要选择适合我国国情的货币政策规则。关于货币政策规则的讨论最早可以追溯到金本位时期,在 20 世纪 70 年代后,货币政策规则正式被世界各国广泛采用。关于"货币政策规则与相机抉择"的争论由来已久,其特点如表 6.15 所示。

表 6.15　货币政策规则对比

类型	政策规则				相机抉择
	工具规则		目标规则		制定货币政策时以社会福利(效用)最大化为原则,过程中可能会出现政策选择的动态不一致
	名义收入规则(麦卡勒姆规则)	利率规则(泰勒规则,伯南克规则,耶伦规则)	通胀目标规则	货币供应量增长率不变规则	
控制指标	名义收入、货币流通速度	通胀缺口、产出缺口等	社会福利函数	通货膨胀	
工具	基础货币	实际利率	多样化	货币总量	
最终目标	名义收入	均衡利率	通货膨胀率	币值稳定	

麦卡勒姆规则是通过调节基础货币,以名义收入增加为最终目标的货币政策规则。泰勒规则是以实际利率为工具,将产出缺口、通胀缺口纳入模型的货币政策规则;伯南克规则在泰勒规则的基础上调整了产出缺口的权重和通胀缺口的衡量指标;耶伦规则在伯南克规则的基础上引入了劳动参与率指标。

我国现行的货币政策框架是以经济增长和币值稳定为目标,随着利率市场化的进程不断推进,货币供应量作为货币政策中介目标的必要性逐渐弱化,价格型货币政策调控的优势逐渐显现,因而利率规则作为货币政策规则在中国的适应性逐渐提升。利率规则在泰勒规则基础上进行变式而形成三种具体的分类,泰勒规则是利率规则最基本的形式。泰勒规则的适用条件包括浮动汇率制、货币政策目标的双重性,对应我国目前的状况,我国目前实施有管理的浮动汇率,货币政策以经济增长和币值稳定为目标,从这一角度,我国符合使用泰勒规则的前提条件。结合本章二、三节的分析,已经从货币政策目标和维护金融稳定的视角,分析了货币政策关注股票市场价格的必要性,综上所述,本书选用纳入股票价格的泰勒规则变式作为货币政策规则以构建我国的货币政策反应函数。

泰勒规则表达式如下:

$$r_t^* = r^* + \lambda_\pi (\pi_t - \pi^*) + \lambda_y (y_t - y^*), \lambda_\pi > 1 \tag{6.4}$$

其中 r_t^* 为名义利率的泰勒规则值,r^* 为实际均衡利率,$\pi_t - \pi^*$ 表示通货膨胀缺口,$y_t - y^*$ 为产出缺口。参照各国采用泰勒规则的实际经验,在进行利率调整时,通常采用利率平滑方式,按照既定调整方向连续多次微调至目标利率,如下式:

$$r_t = \rho r_{t-1} + (1-\rho) r_t^*, 0 \leqslant \rho \leqslant 1 \tag{6.5}$$

此时,泰勒规则引入利率平滑后,可以改写为下式:

$$r_t = \beta_0 + \rho r_{t-1} + \beta_1 (\pi_{t+1} - \pi^*) + \beta_2 (y_{t+1} - y^*) + \varepsilon_t \tag{6.6}$$

其中 $\beta_0 = (1-\rho) r^*$,$\beta_1 = (1-\rho) \lambda_\pi$,$\beta_2 = (1-\rho) \lambda_y$,将股票市场价格缺口 $x_t - x^*$ 纳入式 6.4 后,得到包含股票市场价格的泰勒规则表达式:

$$r_t = \beta_0 + \rho r_{t-1} + \beta_1 (\pi_{t+1} - \pi^*) + \beta_2 (y_{t+1} - y^*) + \beta_3 (x_{t+1} - x^*) + \varepsilon_t$$
$$\tag{6.7}$$

6.3.2 指标选取及数据处理

根据式 6.7,选取 2004 年 6 月—2020 年 12 月的季度数据,数据来源为国泰安数据库,GDP 作为产出的代理变量,CPI 作为通货膨胀的代理变量,R 作为利率的代理变量,上证综合指数作为股票市场价格的代理变量,见下表 6.16。

表 6.16　变量选取

变量名称	释义
CPI	居民消费价格指数(环比)
GDP	国内生产总值(季度)单位:十亿人民币
R	银行间同业拆借利率:加权平均
SP	上海证券交易所综合指数

首先对 GDP 序列做季节调整后,得出 GDP_SA 序列,再对 GDP_SA、R、SP 做一阶差分处理,series dr＝d(r),series dsp＝d(sp),series dgdp_sa＝d(gdp_sa)得到 d(r)、d(sp)、d(gdp_sa)序列。

6.3.3　实证结果分析

首先对数据进行平稳性检验,结果见表 6.17。

表 6.17　ADF 检验结果

变量	检验类型(λ,T,c)	P-value	平稳性
CPI	$(\lambda,T,1)$	0.0000	平稳
DGDP_SA	$(\lambda,T,1)$	0.0000	平稳
DR	$(\lambda,T,1)$	0.0000	平稳
DSP	$(\lambda,T,1)$	0.0000	平稳
GDP_SA	$(\lambda,T,1)$	0.9997	不平稳
R	$(\lambda,T,1)$	0.0913	不平稳
SP	$(\lambda,T,1)$	0.1199	不平稳
Fisher Chi-square	205.047	0.0000	

注:(λ,T,c)中 λ、T、c 分别表示常数项、趋势项、滞后阶数。

Fisher Chi_square 统计量为 205.047,观察各序列 P 值发现 CPI、DGDP_SA、Dr、DSp 序列 P 值为 0,表明上述序列皆平稳,而做一阶差分处理前的 GDP_SA、r、Sp 序列 P 值均大于 0.05,即序列不平稳。

(1)货币政策反应函数(不包含股票市场价格)

采用广义矩估计(GMM)方法对货币政策反应函数进行估计,得出如下结(见表 6.18)。

表 6.18　包含股票市场价格的 GMM 估计结果

	非标准化系数		t	p	R^2	调整 R^2	Wald χ^2
	B	标准误					
常数	0.273	0.221	-1.816	0.049			
R_{t-1}	0.807	0.066	1.66	0.022			
CPI	0.413	0.163	1.850	0.024	0.766	0.854	$\chi^2(1)=3.424, P=0.044$
GDP	0.013	0.044	1.84	0.017			
SP	0.443	0.13	1.79	0.003			

根据表 6.18,包含股票市场价格的货币政策反应函数为:

$$r_t = \underset{(0.221)}{0.273} + \underset{(0.066)}{0.807 r_{t-1}} + \underset{(0.163)}{0.413(\pi_{t+1} - \pi^*)}$$
$$+ \underset{(0.044)}{0.013(y_{t+1} - y^*)} + \underset{(0.13)}{0.443(x_{t+1} - x^*)} \tag{6.8}$$

由式 6.8 可得 $\lambda_\pi = 2.139, \lambda_y = 0.067$,也就是当产出缺口变动一个百分点,货币政策所作出的反应是提高利率 0.067%。

(2)货币政策反应函数(包含股票市场价格)

采用广义矩估计(GMM)方法对货币政策反应函数进行估计,得出如下结果。

表 6.19　不包含股票市场价格的 GMM 估计结果

	非标准化系数		t	p	R^2	调整 R^2	Wald χ^2
	B	标准误					
常数	0.269	0.217	-1.796	0.043			
R_{t-1}	0.89	0.066	1.66	0.026			
CPI	0.419	0.179	1.82	0.014	0.773	0.76	$\chi^2(1)=3.424, P=0.044$
GDP	0.0143	0.024	1.86	0.0155			
SP	0.443	0.13	1.79	0.003			

根据表 6.19,包含股票市场价格的货币政策反应函数为:

$$r_t = \underset{(0.217)}{0.269} + \underset{(0.066)}{0.89 r_{t-1}} + \underset{(0.179)}{0.419(\pi_{t+1} - \pi^*)} + \underset{(0.024)}{0.0143(y_{t+1} - y^*)} + \underset{(0.13)}{0.443(x_{t+1} - x^*)}$$
$$\tag{6.9}$$

由式 6.9 可得 $\lambda_\pi = 3.81, \lambda_y = 0.13$,也就是当产出缺口变动一个百分点,货币政策所作出的反应是提高利率 0.013%。

图 6.9 展示了包含和不包含股票市场价格时,货币政策代理变量——利率的

实际值与预测值的拟合程度,可以明显看出,包含股票市场价格时,预测值拟合程度更高,也就是说,包含股票市场价格的货币政策反应函数更加精确,货币政策框架中应当关注股票市场价格。

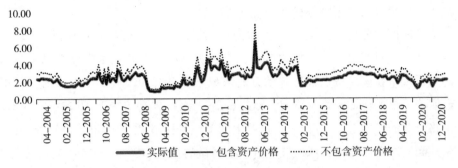

图 6.9　货币政策反应函数的拟合情况

对比包含和不包含股票市场价格的货币政策反应函数,可以发现,包含股票市场价格时,λ_π、λ_y 值较不包含股票市场价格时都有所下降,也就是说,关注股票市场价格后,货币政策对通货膨胀和产出的反应均有所减弱,这与前文的分析基本一致,股票市场价格的波动传递了未来通货膨胀的信息,货币政策关注股票市场价格会通过对投资者情绪等预期引导投资者决策,所以利率的调整范围小于不关注市场价格的情况。与产出缺口的反应系数相比,通胀缺口的反应系数更大,这说明货币政策关注股票市场价格后,股票市场价格的上升对于经济增长有一定的正向作用,此时政策的关注重点集中在控制通货膨胀。

当确定股票价格波动传递了未来通胀的信息时,通胀对于股价波动的滞后反应给货币政策调整留出一个窗口期,可以通过货币政策的调整来最大程度降低资产价格波动对通货膨胀造成的影响,进而维护金融稳定与物价稳定,促进宏观经济平稳运行。

那么货币政策如何对资产价格的波动作出响应,提出以下路径设想(如图 6.10所示)。

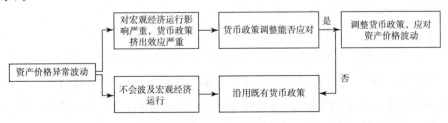

图 6.10　货币政策对资产价格的波动做出响应的路径设想

当资产价格出现波动时,首先识别其是否会给宏观经济运行带来严重影响,甚至导致货币政策失效,此时,如果答案肯定,那么考虑现行货币政策能否应对资产价格波动造成的影响,再考虑沿用现有货币政策还是做出政策调整安排。货币政策对于资产价格应对策略将在下一章进行讨论。

通过前面的分析,证实了货币政策对股票资产价格波动有调控力,那么货币政策应当如何应对股票资产价格的波动呢? 经历了历史上几次重大的金融危机,各国的货币政策在应对资产价格波动方面都积累了丰富的经验。在本章的分析中,已经明确了金融稳定与物价稳定目标的长期一致性,但在历史上,发达国家应对资产价格波动的经验上,一度由于货币政策的单一目标制,导致货币政策对资产价格的干预和应对资产价格泡沫的破裂付出了高昂的成本,其中最具有代表性的是 20 世纪 80 年代日本的危机与 2007 年由美国次贷危机引发的全球金融危机。

日本经济的高速发展一直被视为"亚洲奇迹",经历了战后经济的快速重建和高速发展后,在 20 世纪末,日本出口导向型经济快速发展,与多个发达国家间形成了巨大的贸易顺差,迫于压力签订了广场协议,日元被迫升值,为了缓解日元升值对经济造成的影响,日本货币当局多次降息,充足的流动性使得日本的经济出现了"脱实向虚",大量资金涌入房地产市场和股票市场,导致了资产价格的急剧攀升,为了防止过度宽松的货币政策引发通胀,货币当局随后进行了加息操作,这一举措加速了后来资产价格泡沫的破裂,日本经济陷入了较长一段时期的低迷状态。

2007 年美国次贷危机在经济全球化的背景下,影响迅速扩散至全球。从 2000 年后,美国一直推行低利率政策,宽松的货币政策使得美国的房地产企业有条件获得大量的信贷支持,同时金融机构又发放次级贷款,狂热的房地产需求推高了房价,使得房地产市场积累了巨大的风险,资产价格的上涨通过财富效应、托宾 Q 影响总需求,从而造成了通货膨胀水平的上升,为了抑制通胀,美联储开展了一系列加息操作,同时房地产价格泡沫破裂,银行以大量房地产为抵押品发放贷款,房地产价格泡沫的挤出效应造成银行资产负债表恶化,房地产市场积累的风险迅速在银行体系爆发,危机随之而来并蔓延全球。

美国和日本的经验存在共同的特点,一是过度宽松的货币政策制造了大量的资产价格泡沫,而资产价格的上涨使得人们形成宏观经济向好的预期,从而引发投资行为的非理性;二是房地产泡沫与股票市场泡沫叠加,对经济造成重创。房地产市场和股票市场并非相互独立,而是存在一定的交叉性的,当资产价格泡沫同时破裂,对经济运行造成的负面影响是很难修复的。美日两国在应对危机时,都选择了使用利率工具应对资产价格泡沫,但是利率的调整除了抑制资产价格泡沫,也对实体经济发展产生了影响,那么寻求一种对于资产价格泡沫有抑制作用却不影响或者将对实体经济的影响最小化的货币政策是美日的经验对其他国家货币政策制定的借鉴意义。

6.4　本章小结

本章首先通过现实梳理,证实了中国到了需要货币政策对股票市场价格波动作出反应的阶段。从理论上看,货币政策需要关注股票市场价格的一个重要原因是股票价格对于通货膨胀的显著影响,即股票价格的波动通过通货膨胀传导到实体经济。股票价格的剧烈波动还会导致市场价格泡沫的形成乃至破裂,威胁到金融稳定。鉴于股票市场价格泡沫破灭的危机成本巨大,在超常规的信贷大幅增长、宏观杠杆率攀升的同时伴随股票市场价格快速上涨时,货币政策应该对股票市场价格的正向波动作出反应;另一方面,一旦股票市场价格短时暴跌,引起市场恐慌甚至具有金融危机迹象时,货币政策应该对股票市场价格的负向波动作出反应。

经过本章的分析和结论,本书的研究逻辑基本达成闭环(如图 6.11 所示)。

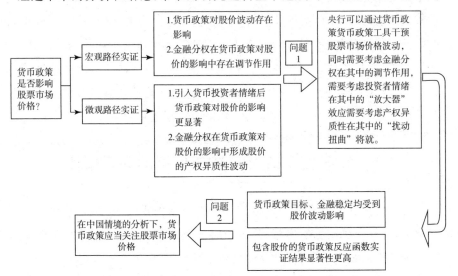

图 6.11　货币政策关注股票市场价格的研究逻辑

第 7 章 货币政策与资产价格关系的实证分析

随着股票市场和房地产市场的发展,其在中国经济发展中的重要作用不可忽视,房地产市场和股票市场经过几十年的发展,其传导货币政策的能力也在不断提升,对实体经济的影响也在逐渐深化。我国的股票市场起步较晚,1992 年,我国股票市场共有上市公司 53 家,总市值 1048 亿元,经过近三十年的发展,截至 2019 年12 月,沪深两市总市值已达 592934 亿元。[①] 这期间,房地产价格与股票价格都经历过多次价格巨幅波动,对实体经济的发展产生深刻的影响。如今货币政策仅仅盯住宏观调控的目标是远远不够的,资产价格作为货币政策传导的有效渠道,使得货币政策的调整变得更加复杂,因此近年来,货币政策的资产价格传导渠道的研究已得到学术界的充分重视。鉴于以上分析,本章将采用描述性统计与实证分析相结合的方式,将资产价格作为一个整体,构建一个包含房地产价格变量、股票价格变量的模型,并且将影子银行对于货币政策信贷传导渠道的影响作为变量之一,引入分析框架,来考量货币政策对资产价格的影响。股票价格和房地产价格作为资产价格的两个重要的组成部分,在制定货币政策时,究竟应该多关注股票资产价格还是多关注房地产资产价格,本章将用省际面板数据进行分析。

7.1 我国货币政策与资产价格的关系概述

股票资产价格和房地产资产价格作为资产价格的重要组成部分,对于宏观经济的影响不同,传导机制也不尽相同,本节将通过一些现实数据,分别梳理货币政策对股票资产价格和房地产资产价格的影响。

股票资产价格除了由其内在价值决定外,还受到许多外部因素扰动的影响,其中货币供应量和利率的变动对股票资产价格的波动有一定的影响。货币供应量对

---

① 数据来源:中经网数据库,东方财富网统计数据。

于股票资产价格的影响是通过增加股票市场的需求和提升股票内在价值实现的。

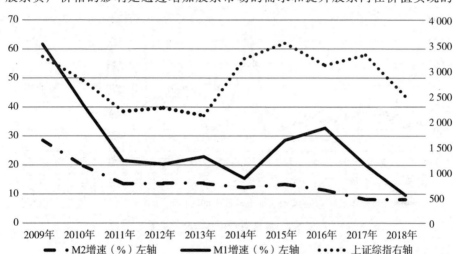

图 7.1　股票资产价格与货币供应量的关系

数据来源：根据国泰安数据库数据编制

　　根据 2009 年以来我国货币供应量与上证综指的现实数据来看，2013 年以前，上证综指的变化趋势与 M1、M2 增速变化趋势保持一致，2014 年至 2015 年间，股票资产价格经历了一轮暴涨，从现实角度分析，2015 年的股价暴涨暴跌是资金脱实向虚、市场交易行为杠杆率高企等一系列风险因素累计作用的结果，股票市场对于货币供给量的变化反应稍有时滞（如图 7.1 所示）。

　　股票资产价格对利率的变动是比较敏感的，利率通过多方面实现对股票资产价格的影响：首先，利率与上市公司筹资成本直接相关，利率上升直接导致公司经营现金流下降，从而导致股票资产价格下降，从投资者的角度考虑，利率上升时，投资者可将投资组合向债券倾斜以获得更高收益，而投资于股票资产机会成本较高，对股票资产的需求降低，从而导致股票资产价格下降。从理论上分析，股票资产价格与利率呈现反向变动关系。根据现实利率走势来看，基本与推断相同，上证综指处于高位时，利率处于较低水平；反之，上证综指处于低位时，利率保持较高水平，且股票资产价格变动对利率变动较为敏感（如图 7.2 所示）。

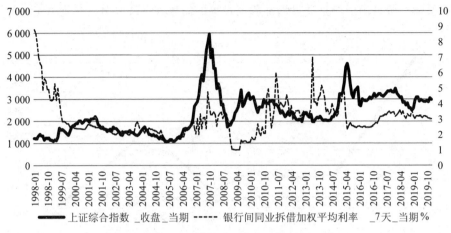

图 7.2　股票资产价格与利率关系

数据来源：根据国泰安数据库数据编制

　　利率与货币供应量对房地产资产价格的影响显而易见，房地产行业作为资金密集型行业，货币政策的松紧程度直接影响资金可得性。另外，从房地产需求方考虑，宽松的货币政策有利于促进房地产需求，从理论上分析，房地产资产价格与货币供应量应当呈现同比变动，与利率呈现反向变动。货币政策对房地产资产价格的影响通过利率渠道传导最为敏感，当货币政策趋紧时，利率上升，对于依靠信贷资金进行房地产开发的企业，融资成本上升，进而房地产投资项目成本上升，这会直接导致房价的上升，同时，房地产企业也会相应控制项目投资规模，减缓新建项目推进，从而使房地产市场供给降低。

　　通过以上分析可知，货币政策与股票市场和房地产存在着密切的关联，房地产资产价格与股票资产价格的波动也在很大程度上受到货币政策的影响，这说明在我国，货币政策的资产价格传导机制是存在的。基于以上的分析，也会发现货币政策对于资产价格的传导存在一定的时滞性，这对于货币政策通过资产价格调控宏观经济提供了一个窗口期。本章第三节将通过实证分析验证货币政策与资产价格的关系。

7.2　模型设计与变量选取

　　对于房地产市场，在经济发达地区，投资者可支配收入较高，房地产开发企业的信贷可得性强、融资渠道多，相应地对于货币政策的变动反应更加敏感；股票市场同样也受到居民可支配收入、经济发展程度的影响。对于模型的构建,在冯雷(2016)货币政策对房地产市场效应的模型基础上,引入股票市场,采用省际面板数据分别考察货币政策对两种资产价格的影响。

$$APGR_{it} = \alpha_0 + \alpha_1 APGR_{i(t-1)} + \alpha_2 M_1 R_{i(t-1)}$$
$$+ \partial_3 EOL + \partial_4 FDL + \alpha_5 Y_{it} + \alpha_6 SB_{it} + \varepsilon_{it} \tag{7.1}$$

$$M_1 R_{it} = \beta_0 + \beta_1 APGR_{it} + \beta_2 M_1 R_{i(t-1)} + \beta_3 EOL + \beta_4 FDL_{i(t-2)}$$
$$+ \beta_5 GR_{it} + \beta_6 \pi_{it} + \beta_7 SB_{it} + \varepsilon'_{it} \tag{7.2}$$

$APGR_{it}$ 是资产价格的代理变量,用各省的房地产价格增长率(或股票价格增长率)来表示,该变量随时间变化而变化;货币政策的代理变量用 $M_1 R_{it}$ 表示(狭义货币供应的增长率);地区经济开放程度则用 EOL_{it} 表示,用各省的进出口总额与GDP 比值来衡量;FDL_{it} 代表信贷可获得水平,采用的是新增信贷总额与 GDP 之比;DPI_{it} 是各地区居民收入的代理变量,这里选用可支配收入衡量;GR_{it} 是各省的经济增长率,用 GDP 的增长率表示;π_{it} 是各省的通货膨胀率,用 CPI 同比增速来表示;SB_{it} 是影子银行规模增长率(本文采用的是社会融资规模存量)。由本章的描述分析发现货币政策对于资产价格的影响存在一定的时滞性,因此货币政策的代理变量采用了滞后阶;在 7.2 式中将经济增长率和通货膨胀率的代理变量均作为控制变量,这是出于货币政策目标的考量。结合第三章分析,影子银行在我国对货币政策和资产价格的影响是不可忽视的,因此在 7.1 式和 7.2 式中纳入了影子银行规模代理变量。7.1 式中,参数 α_2 反映了货币政策对资产价格(股票/房地产价格)的影响;7.2 式中参数 β_1 反映了资产价格(房地产价格/股票价格)对货币政策的影响。本章 GDP 与其余变量的增长率分别用季度增长率来表示。在表 7.1 中对所用到的变量进行了说明。

表 7.1　所用变量说明

变量名	含义
$APGR_{it}$	各省的房地产价格增长率(或股票价格增长率)
$M1R_{it}$	狭义货币供应的增长率
EOL_{it}	地区经济开放程度
FDL_{it}	信贷可获得水平,采用的是新增信贷总额与 GDP 之比
DPI_{it}	城镇居民累计可支配收入增长率
π_{it}	CPI 同比增速来表示

续表

变量名	含义
SB_{it}	影子银行规模增长率
GR_{it}	GDP 的增长率表示

本章采用的是 30 个省的面板数据进行分析,由于各省房地产价格数据更新年度不同,青海省、宁夏回族自治区、辽宁省的房地产价格数据更新到 2017 年第 4 季度,出于数据完整性考虑,本章选取 2003—2017 年 30 个省(自治区、直辖市,除西藏、台湾外)的数据作为样本进行分析。数据来自 Wind 和中经网数据、影子银行规模社会融资规模数据,以上数据均为省际面板数据。影子银行规模数据未采用省际数据是因为影子银行没有严格的区域限制,是一个全国性的指标,由于滞后阶数技术处理,最终选定 2003 年第 1 季度至 2017 年第 3 季度的省际季度面板数据进行实证分析,共计 1770 个观测值。经过增长率处理后,最后实际样本包含 30 个省(自治区、直辖市,除西藏、台湾外)2004 年第 1 季度至 2017 年第 3 季度共 1650 个观测值。

从表 7.2 的描述性统计数据可以看出,研究对象中的 30 个省(自治区、直辖市)在 2003 年第 1 季度至 2017 年第 3 季度十四年间的经济发展状况。从经济增长率来看,均值 15.01% 与中位数 14.56% 差距很小,这说明我国经济增长较为稳定;同样呈现稳定增长的还有货币供应量、通胀水平和城镇居民收入水平;可以看到股价增长率为负值,这与我国今年来股票市场的实际情况吻合;房地产价格的增长呈现剧烈的波动趋势,且房价的增长率超过了城镇居民收入水平的增长率。

表 7.2　描述统计

变量	Mean	Std.Dev.	Median	Skewness	Kurtosis
房价增长率(%)	14.72	51.68	6.58	0.80	11.29
股价增长率(%)	−0.12	13.30	−0.81	2.60	24.22
货币供应量增长率(%)	14.67	7.16	13.90	0.40	2.50
经济开放度(%)	37.66	66.39	15.13	8.95	140.92
金融发展水平(%)	16.96	59.47	6.83	11.94	164.66
城镇居民收入(%)	11.05	4.49	10.14	0.30	10.67
通货膨胀率(%)	2.89	2.20	2.42	0.76	4.28

变量	Mean	Std.Dev.	Median	Skewness	Kurtosis
经济增长率(%)	15.01	8.45	14.56	0.58	6.25
影子银行规模增长率(%)	21.96	40.67	8.98	0.73	2.64

7.3　实证结果——货币政策对资产价格波动的影响

本节将运用平衡面板数据模型来对整体省际面板数据进行实证分析。平衡面板数据模型可能出现伪回归的情形,因而首先对模型中的各省际面板数据进行面板单位根检验,针对全国性时间序列数据——狭义货币供应量增长率和影子银行规模增长率两个变量进行 ADF 平稳性检验,从检验结果可以看出,无论是省际面板数据组的变量,还是两个全国性时间序列变量都在 10% 显著性水平下拒绝了原假设:各省数据和全国数据序列都是平稳的(详见表 7.3)。

表 7.3　平稳性检验结果

变量	Fisher-ADF统计量	P 值	变量	LLC 统计量	P 值
房价增长率(%)	−16.996	0.000	房价增长率(%)	−0.660	0.000
股价增长率(%)	−9.573	0.000	股价增长率(%)	−0.316	0.000
经济开放度(%)	−8.561	0.000	经济开放度(%)	−0.423	0.085
金融发展水平(%)	−34.334	0.000	金融发展水平(%)	−1.088	0.000
城镇居民收入(%)	−11.819	0.000	城镇居民收入(%)	−0.695	0.000
通货膨胀率(%)	−13.081	0.000	通货膨胀率(%)	−0.425	0.000
经济增长率(%)	−8.150	0.000	经济增长率(%)	−0.356	0.000
变量	ADF 统计量	P 值	变量	ADF 统计量	P 值
M1R	−3.889	0.0126	SB	−5.065	0.000

本文选取了 30 个省(自治区、直辖市),包含了经济发展程度和开放程度各不相同的样本数据,基本能够反映全国的情况,从理论上考虑可以采用固定效应模型进行分析,为了增加分析的准确性,先设定为随机效应模型,对随机效应模型的回归结果进行豪斯曼检验,用于确定模型是用固定效应模型还是随机效应模型。对因变量进行豪斯曼检验结果(见表 7.4)显示在 5% 显著性水平下拒绝原假设,最终

确定使用固定效应模型进行回归分析。

表 7.4　豪斯曼检验结果

	模型	Chi-sq.statistic	Chi-sq.d.f.	P 值
房地产市场	4.1	23.20	4	0.0001
	4.2	7.42	4	0.0000
股票市场	4.1	10.92	4	0.0275
	模 4.2	8.19	4	0.0000

(1)货币政策对房地产资产价格的影响

运用系统广义矩估计(GMM)对动态面板模型进行估计,需要选择工具变量,考虑选择自变量的滞后项和常量作为工具变量组,运用系统广义矩估计(GMM)方法进行估计。选用工具变量法首先需要对工具变量进行效果验证,即有效性检验,检验原假设:所有工具变量都是外生的。对工具变量进行过度识别检验,J 统计量为 0.015,$nJ = 0.825 < 5.23$(自由度为 1 的卡方分布临界值),接受原假设,所有工具变量都是外生的,所选工具变量是有效的。GMM 估计结果显示(如表 7.5 所示),α_2 在动态面板模型和静态面板模型中,都在 1% 的显著性水平上为正,这说明货币政策对于房地产资产价格存在正向影响,当货币政策趋于宽松时,货币供应量增加,房地产市场吸纳了大量资金,房地产价格提升。反之,当实行紧缩的货币政策时,地产市场的资金流入大大减少,房地产资产价格增速下降。在动态面板模型和静态面板模型中,在 5% 显著性水平上 $\alpha_3 > 0$,说明经济开放程度与房地产资产价格变动呈现正相关关系,即 EOL 越高,该区域的经济开放程度越高,这类区域对于户籍政策(人员流动)具有更高的吸引力,继而带来的房地产市场需求较高,因此房地产价格增长率更高。同时,对于经济开放程度高的地区,投资者对该区域的房地产价格会形成一种升值预期,域外需求转为域内需求,促进了房地产价格的增长。现实经济中,我国"北上广深杭"等一线与准一线城市的房价居高不下甚至屡创新高都可以由此得到解释。α_4 在动态面板模型和静态面板模型中,在 5% 显著性水平下小于零,这说明信贷可得性强的地区,房地产企业可以通过多种渠道进行融资,而不仅仅受限于银行贷款,这种情况下,信贷可得性越强,房地产企业用于增加投资的资金越充裕,有助于增加房地产市场供给,使房地产价格增速趋于理性。在静态面板模型中越多,α_5 在 1% 的显著性水平下为正;在动态面板模型中,α_5 在 10% 的显著性水平下为正,这说明地区居民收入水平与房地产资产价格增速呈正相关关系,这与理论推断基本保持一致。α 在动态面板模型和静态面板模型中,都在 1％显著性水平下为正,说明影子银行规模对房地产价格增速存在正向影响,即影子银行规模增长越快,房价随之上涨速度加快,且从动态面板结果来看影子银行规模与货币政策比较,影子银行规模对房地产价格的影响更显著。

表 7.5　面板估计结果

系数	静态面板	动态面板
α_0	13.413	13.380
	0.934	0.650
α_1		0.450^{***}
		0.000
α_2	0.630^{***}	0.055^{***}
	0.000	0.000
α_3	0.093^{**}	0.034^{**}
	0.031	0.019
α_4	-0.18^{**}	-0.024^{**}
	0.015	0.012
α_5	1.030^{***}	0.013^{*}
	0.000	0.095
α_6	0.142^{***}	0.096^{***}
	0.000	0.000
N	1650	1650
R-sq	0.805	0.979

legend: $^{*}p<0.1$; $^{**}p<0.05$; $^{***}p<0.01$。

(2)货币政策对股票资产价格的影响

对于股票市场的分析,同样使用系统广义矩计法(GMM)对股票市场的动态面板模型和静态面板模型进行估计,将常量和解释变量的滞后一项选定为工具变量,对工具变量进行过度识别检验,结果显示接受原假设,所有工具变量都是外生的,所选工具变量是有效的。估计结果显示(见表 7.6),在动态面板模型中,5％显著性水平下 α_2 大于零,在静态面板模型中 α_2 在 1％显著性水平下大于零,综合两个估计结果看,当实行宽松的货币政策时,股票价格增长速度较快;当货币政策趋紧时,股票价格会出现下跌现象。在静态面板模型中 α_3 不显著,在动态面板模型中, α_3 在 5％显著水平下显著,这说明经济开放程度(EOL)对股票价格的变动并没有显著的影响,这种结果是由我国对于资本市场尚未完全开放导致的,目前我国资本项目尚未完全开放,境外资金想要进入中国股票市场,只能通过沪港通、深港通以及QFII(合格境外投资者)几种方式,这几种渠道无一例外对投资额都有着直接或间接的限制,所以我国股票市场上的流动性基本源自国内,因而经济开放程度对股价增长率的影响不显著。在静态面板模型中,α_4 在 10% 显著性水平下显著,在动态面板模型中不显著,这说明信贷可得性越高的地区,股票价格增长率越高,信贷可得性高说明该地区金融自由度高,股票市场投资者可以较为容易地获得资金支持从而投向股票市场,带动股票资产价格的增长;另一方面,信贷可得性高的地区,企业更容易获得资金支持,从而扩大投资,这反映在股票的"基本面",从而带动股票价格增长。这也是金融市场对实体经济正向影响的一种印证。α_5 在动态模型面板未通过显著性检验,说明我国居民收入变量还未成为驱动股票价格上涨的关键因素,这与前几章的分析结果也比较一致,股票作为一种资产,在我国居民的家庭资产配置中所占比重并不高,因而收入水平的变动对于股票价格的影响甚微。α_6在静态面板模型中在 1% 的显著性水平下大于零,在动态面板模型中在 5% 显著性水平下大于零,说明影子银行规模的扩大会加速带动股票价格上升,这一结果与现实情况的推论同样具有一致性。在上一章对于影子银行对股票资产价格影响的分析中曾指出,影子银行的一部分资金并没有流入实体经济,而是投入了证券市场,如融资融券行为引起股价暴跌风险的实证分析也正与面板估计的结果吻合。

表 7.6　面板估计结果

系数	静态面板	动态面板
α_0	-8.185	-5.780
	0.288	0.176
α_1		0.709^{***}
		0.000
α_2	0.118^{***}	0.062^{**}
	0.000	0.043
α_3	0.004	0.004^{**}
	0.387	0.012
α_4	0.005^{*}	0.003

续表

系数	静态面板	动态面板
	0.092	0.388
α_5	0.062*	0.037
	0.082	0.208
α_6	0.030***	0.021**
	0.000	0.012
N	1650	1650
R-sq	0.601	0.955

legend: $^*p<0.1$; $^{**}p<0.05$; $^{***}p<0.01$。

7.4　实证结果——资产价格波动对货币政策的影响

（1）房地产资产价格波动对于货币政策的影响

同前文对模型 4.1 的分析方法一样采用 GMM 法对动态面板和静态面板模型进行估计。见表 7.7 显示,在静态面板模型中,β_1 不显著,在动态面板模型中 β_1 在 10% 显著性水平下小于 0,系数较小。这说明房地产价格的波动对货币政策有影响,但影响程度小,一般在房地产价格过高时,极易引发该行业的投资过热,货币当局随之可能会实行紧缩的货币政策以调控宏观经济。β_3 在静态面板模型和动态面板模型中都不显著,说明经济开放程度与货币政策关系并不显著。β_4 在静态面板模型和动态面板模型都在 10% 水平上显著,但参数估计值很小,这说明货币政策与信贷可得性存在联系,但影响不大。也就是说,在货币政策的制定框架中,有可能忽视各地区信贷可得性的作用。β_5 在静态面板模型和动态面板模型中在 1% 显著性水平下都呈现显著为正,这说明宽松的货币政策是有利于促进经济增长的。β_6 在静态面板模型和动态面板模型中在 1% 显著性水平下都显著小于零,这说明当经济运行过程中出现通货膨胀现象时,货币当局的反应是紧缩货币政策。β_7 在静态面板模型和动态面板模型中,在 1% 的显著性水平下小于零,这说明影子银行规模增率越高,货币政策越趋紧,那么在货币政策的反应中,已经将影子银行的影响考虑在内。从整体估计结果来看,通过参数估计值的大小可判定,央行在制定货币政策时,首要考虑稳通胀——维持物价水平的稳定。综合看来,房地产资产价格的波动对于货币政策决策的制定影响微弱。

表 7.7 房地产市场静态面板与动态面板结果参照

系数	静态面板	动态面板
β_0	11.082***	9.611***
	0.000	0.000
β_1	−.021	−.004*
	0.112	0.096
β_2		0.883***
		0.000
β_3	−.005	−0.002
	0.229	0.143
β_4	.003*	.002*
	0.066	0.052
β_5	.122***	.069***
	0.000	0.000
β_6	−.195***	−.021***
	0.001	0.000
β_7	−.063***	−0.061***
	0.000	0.000
N	1650	1650
R-squared	0.817	0.966

legend：* $p<0.1$；** $p<0.05$；*** $p<0.01$。

（2）股票资产价格波动对货币政策的影响

通过表 7.8 可以看出，β_1 在动态面板和静态面板中都不显著，这说明股票价格波动对货币政策影响并不显著，这与我国现实情况相符，股票资产价格没有纳入物价指数体系中，货币政策的制定也没有关注股票价格，因而股票价格的波动不会对货币政策造成冲击。β_3 在动态面板和静态面板中都不显著，说明经济开放程度对货币政策没有影响，这与我国央行保持货币政策的独立性的现实情况是吻合的。

β_4 在动态面板模型中显著且系数较小,说明金融发展水平对货币政策影响较小。在两个面板模型中 β_5 都在 1% 的显著性水平下为正,说明经济增长对货币政策有显著影响。通货膨胀指标在两个模型中分别在 5% 和 1% 的显著性水平下为负,说明通胀水平越高,货币政策会随之趋紧,这与货币政策以维持物价水平稳定为最终目标相一致。综上分析,可以看出,股票价格波动对于货币政策的影响较小。

表 7.8　房地产市场静态面板与动态面板结果参照

系数	静态面板	动态面板
β_0	10.707***	8.4935556***
	0.000	0.000
β_1	−0.041	−0.013
	0.143	0.274
β_2		.927***
		0.000
β_3	−0.003	0.001
	0.376	0.140
β_4	.002*	.004*
	0.060	0.072
β_5	1.133***	1.074***
	0.000	0.000
β_6	−.117**	−.030***
	0.032	0.000
β_7	−.067***	−0.849***
	0.000	0.000
N	1650	1650
R-squared	0.688	0.959

legend: $^*\ p < 0.1$; $^{**}\ p < 0.05$; $^{***}\ p < 0.01$。

通过以上面板估计,实证检验了资产价格波动对货币政策的影响,结果证实房地产价格波动在静态面板模型中对货币政策影响不显著,在动态面板模型中,房地产价格对货币政策呈现相对较弱的反应;股票价格波动对货币政策的影响无论在动态面板模型和静态面板模型中都不显著。这说明在货币政策与资产价格波动的相互关系中,货币政策对于资产价格的影响显著,而资产价格对货币政策的反作用并不明显。从这一分析结果来看,基本可以排除内生性问题。

7.5　稳健性检验

采用 30 个省份的面板数据进行实证分析,为了核定该数据模型的稳健性,选取全国数据对模型进行稳健性检验。采用时间跨度为 2004 年第 1 季度到 2017 年第 3 季度全国季度数据,长度为 55 个时间序列集合用百分数表示。股票价格选用上证综合指数作为代理变量,房地产价格用房屋销售指数作为代理变量,其他变量由各地区数据替换为全国数据,对所有变量进行平稳性检验,都通过,全部数据平稳。

估计结果如表 7.9 所示,这与面板模型估计的结果比较吻合。股票市场方面,货币政策的变动对股票资产价格的影响显著,确切地说,当货币供应量的增速提高 1% 时,股票价格增长率提升 0.128%;反而股票资产价格波动对于货币政策的影响并不显著,说明股票价格波动在货币政策制定过程中没有受到特别关注。经济开放程度和影子银行规模与股票价格间呈现显著的正相关关系。

表 7.9　资产价格波动与货币政策的相互影响

货币政策对资产价格波动的影响			资产价格波动对货币政策的影响		
系数	房地产市场	股票市场	系数	房地产市场	股票市场
α_0	9.040	-8.470	β_0	8.39***	6.54***
	0.710	0.154		0.000	0.000
α_1	1.503***	1.217***	β_1	$-.004$*	-0.012
	0.000	0.000		0.096	0.269
α_2	0.594***	0.128***	β_2	.628***	.927***
	0.000	0.000		0.000	0.000
α_3	0.170**	0.004**	β_3	-0.013	0.001
	0.016	0.019		0.242	0.172

续表

货币政策对资产价格波动的影响			资产价格波动对货币政策的影响		
系数	房地产市场	股票市场	系数	房地产市场	股票市场
α_4	-0.218^{**}	0.028	β_4	$.002^*$	$-.004^*$
	0.011	0.476		0.051	0.081
α_5	0.235^*	0.231	β_5	1.036^{***}	1.130^{***}
	0.095	0.307		0.000	0.000
α_6	0.978^{***}	0.023^{**}	β_6	-0.314^{***}	$-.030^{***}$
	0.000	0.012		0.000	0.000
			β_7	-0.061^{***}	-0.732^{***}
				0.000	0.000
N	1650	1650	N	1650	1650
R-squared	0.902	0.743	R-squared	0.874	0.921

legend：$^* p<0.1$；$^{**} p<0.05$；$^{***} p<0.01$。

　　房地产市场结果显示，货币政策的变动对房地产价格增长率有显著影响，货币供应量增长率提高 1% 引起房地产价格增长率将提高 0.594%，房地产资产价格的变动对货币政策也存在影响；房地产价格增速提高 1%，货币供应量增长率降低 0.004%，可以说明房地产价格的波动对于货币政策的影响是较弱的；信贷可得性和经济开放度对房地产价格影响显著。

　　经济增长、通货膨胀变量和影子银行规模变量不论是在房地产市场模型中还是在股票市场模型中，都对货币政策有显著影响，这一方面印证了货币政策的目标是追求"经济增长、物价稳定"。

7.6　本章小结

　　本章首先通过对资产价格与货币政策关系的国内外研究现状梳理，发现学术界对于货币政策与资产价格关系的研究基本上关注的焦点都在货币政策的资产价格传导机制，即货币政策如何影响资产价格，对于资产价格对货币政策的影响研究较少，而这方面研究恰恰是货币当局制定货币政策调控宏观经济需要参考的关键因素。通过对我国货币政策对股票市场和房地产市场影响的现实经济数据进行相关分析，掌握资产价格波动与货币政策间的相关性。进而，本章通过设定资产价格对货币政策影响、货币政策对资产价格影响两个理论模型，采用全国30个省市面板数据，同时考虑到"经济增长、物价稳定"的货币政策目标、地区经济开放程度、影子银行规模、信贷可得性等对资产价格有重要影响的因素纳入模型，运用广义矩估计方法对动态面板数据模型进行估计，同时建立静态面板数据模型进行估计解决内生问题。

面板回归结果显示，我国货币政策对资产价格的波动影响显著，货币供应量与资产价格呈现同方向变动：货币政策变动对房地产价格增速影响显著，当货币供应量增长率提高会带来房地产价格增长率的上升；反过来，房地产价格增速的上升会导致货币供应量增速的下降，但是这种影响较弱。对于股票资产价格，货币政策的变动对于股票资产价格的波动有显著影响，也就是说货币政策宽松时，股票价格增长率上升，货币政策趋紧时，股票价格增长率下降；反过来，股票价格增长率的变动，对货币政策没有显著影响，这也就意味着我国的货币政策制定并未关注股票资产价格的波动。此外，考虑到房地产市场和股票市场对于资金的需求，模型中引入的各地经济开放程度、信贷可得性变量，证实经济开放程度越高，信贷可得性越强，房地产市场与股票市场愈加繁荣。影子银行规模的增长对房地产市场和股票市场有着显著影响：影子银行规模扩大，股票价格与房地产价格增长率提升，其中影子银行规模对房地产市场的影响大于股票市场。从本章的实证分析可以看出，货币政策与资产价格之间的关联关系是非对称的：货币政策的资产价格传导渠道是存在的，但是房地产资产价格的变动对货币政策有显著影响，股票资产价格的变动对货币政策影响并不显著，至于股票市场为什么对于货币政策影响微弱，将进一步讨论。本章通过回顾货币政策对资产价格波动响应的国际经验，发现单纯地通过利率进行货币政策调控对于资产价格泡沫的控制效果有限，并且在既往风险累积过高、宏观经济环境恶化等因素共同作用下，更易引起资产价格的暴涨暴跌。而且货币政策对于中介目标的作用并不是靶向性的，在作用于中介目标的同时，必然会对宏观经济中的其他变量造成影响。

货币政策与房地产资产价格、股票资产价格分别存在相互影响关系，且股票资产价格对货币政策的影响比较微弱。通过对货币政策的资产价格传导渠道的梳理，发现资产价格的上升可以通过托宾 Q，以及财富效应影响投资和消费，进而影响总需求和产出，传导到实体经济。通过对中国房地产市场和股票市场数据的相关分析,基本明确了货币政策通过利率和货币供应量作用于资产价格,进而通过影响投资和消费传导到实体经济。对于这一推论的验证,构建了资产价格对货币政策影响和货币政策对资产价格影响的两个方程,将资产价格变量拆分为房地产市场和股票市场两个估计式,运用省际面板数据进行实证分析,结果显示我国货币政策对资产价格变化有着显著影响,货币供应量与资产价格同比变动:房地产市场方面,货币政策变动对房地产价格增速影响显著,房地产价格增速的上升会导致货币供应量增速的下降。对于股票资产价格,货币政策的变动对于股票资产价格有显著影响,反过来,股票价格增长率的变动,对货币政策没有显著影响,这也许正是我国的货币政策制定并未参考股票资产价格的波动的原因,但从另一个侧面考虑,股票资产价格的波动虽然没有直接对货币政策变量产生显著影响,其对于金融稳定的影响是存在的,而金融稳定与货币政策的最终目标"物价稳定"从长期来看具有高度的一致性。

货币政策通过影响流动性进而影响股票资产价格。通过实证研究进一步分析股票价格对宏观经济变量的影响时,可以发现尤其是股票资产价格的波动,对于通货膨胀、产出都有一定的影响,那么货币当局在制定货币政策时,如果能考虑到股票资产价格的波动,尤其是对于价格波动背后承载的信息进行有效识别,将会更加有利于货币政策目标的实现。货币政策的变动会通过货币流动性总量失衡传导到股票市场,通过货币数量论的分析可以解释流动性失衡引起股票资产价格波动的机制。

股票资产价格的波动传递了未来通货膨胀的信息。为了验证货币政策引起的股票资产价格的波动是否传递了未来通货膨胀的信息,运用结构向量自回归模型,对股票价格、产出缺口、物价指数、货币政策变量数据进行分析,发现股票价格波动对于产出冲击不稳定,对物价水平指标存在正向冲击。这证实了股票资产价格传递通胀信息的推论,那么倘若能将股票资产价格纳入整体物价水平指标体系,货币政策与宏观审慎政策"双支柱"运行以及在前瞻性货币政策的预期管理指标中纳入股票资产价格波动指标,以应对股票资产价格波动对实体经济和金融稳定造成的负面影响,在股票资产价格波动尚未影响到物价稳定时,对其进行调控,就能够提高货币政策的效果。

从货币政策的股票资产价格传导机制来看,股票资产价格的波动通过对总需求的影响传导到实体经济,这个过程中会间接导致物价水平的变动,因而本章提出将股票资产价格纳入物价水平指数体系中,以便货币当局通过物价水平指标及时检测到资产价格的变动,做出政策调整。对于货币政策与宏观审慎政策的"双支柱"管理方面,除传统的监管机构外,应明确宏观审慎管理构的监管地位,建立相应的监管预警机制,纳入并加强对宏观审慎体系内股票资产价格监测指标的监管。由于股票资产价格波动的顺周期特点,货币政策在实施过程中,极有可能加大股票资产价格的波动,利用宏观审慎政策作为货币政策的补充,对股票资产价格的波动进行逆周期调节有助于实现物价稳定和金融稳定的双重目标,在前瞻性货币政策的预期管理目标中,应考虑加入股票资产价格相关变量,利用股票资产价格波动的预期导向性特点,引导股票资产价格回归理性波动区间。

第8章 货币政策的股票资产价格传导实证分析

通过第 4 章对货币政策与资产价格关系的实证分析,我们发现货币市场对于资产价格存在显著影响,尤其是对房地产资产价格影响更为明显,房地产资产价格对货币政策有影响,而股票资产价格对货币政策的影响却并不显著。从我国金融市场运行的实际情况来看,股票市场在国民经济中的重要作用是不可忽视的,那么为什么股票市场对货币政策的影响不显著? 货币政策的制定是否应当盯住股票资产价格呢?

我国股票市场的建立始于 20 世纪 90 年代,1990 年和 1991 年上海证券交易所与深圳证券交易所相继成立,从成立之初,沪深两市的企业数量为 14 家,经过 30 多年的发展,沪深两市上市公司已达 3584 家,沪深两市的总市值也从 30 年前的1048亿元,增长为 43 万亿元①。通过发行股票,为企业筹集资金从 5 亿元增长到1.1万亿元,成了企业融资的重要渠道。近年来,随着中国经济不断发展,人们的收入不断提升,人们的资产配置方式除了传统单一的储蓄模式,慢慢扩展到股票、债券、房地产。截至 2018 年底沪深两市的总市值占 GDP 比重已逾 48%(如图 8.1 所示)。

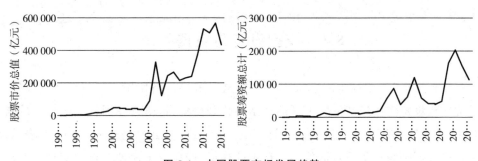

图 8.1　中国股票市场发展趋势

数据来源:根据中经网、中宏数据库公开数据编制

---

① 数据来源:中经网数据库。

通过以上数据可以看出,股票市场在国民经济中的影响逐渐加强,近年来伴随着股票价格的波动、沪深两市市值规模的变动,使得货币政策的股票价格传导机制的重要性不断提升。货币政策的调整会引起股票价格的波动,同时股票价格的波动也会影响货币政策的效果。传统的货币政策传导机制对于股票资产价格的波动没有格外的关注,2009 年中国人民银行货币政策执行报告首次提出"要将宏观审慎管理制度纳入宏观调控政策框架",将"资产价格"纳入货币政策框架成为宏观审慎管理的重要内容,近年来,尤其是 2015 年股票资产价格的暴跌,使得央行越来越重视股票价格的波动所传递的信息对于货币政策的影响,那么对于股票资产价格与货币政策关系的研究,对于我国货币政策应对资产价格波动变得十分必要。从股票市场参与者的角度考虑,货币政策通过利率、货币供给量等中介目标传导到实体经济,会对居民和企业的资产负债表产生影响,宽松的货币政策使得资产负债表得到改善,企业更容易获得资金而扩大投资,改善经营状况,居民有更充足的资金投向股票市场,同时企业经营基本面的改善,使得投资者形成利好预期,将资金投向股票市场。因此,无论是从货币政策的传导还是股票市场参与者的角度来看,对于股票市场与货币政策相互关系的研究都显得十分必要。

既然股票市场对货币政策的传导作用是肯定的,股票市场可以提高资金的配置效率。从股票市场投资者的角度,投资者通过买卖股票资产来获得资金,保证了流动性,同时可以通过投资组合来对冲掉一部分投资风险,随着投资者专业性的提升以及越来越多的专业机构入市,使得基本面较好的企业更容易通过股票市场融到资金,扩大生产,进而促进实体经济的发展。为了进一步研究货币政策与股票价格之间的关系,我们需要选取相关的变量。

8.1 模型设定与数据处理

本章实证分析的目的是验证货币政策通过股票价格作用于实体经济的效果,首先应当设定实体经济发展水平即产出的代理变量,这里选择国内生产总值的增长率,用 GDP 表示;货币政策的代理变量选用 M2 与 GDP 的比值,用 FDP 表示;考虑到股票价格在货币政策传导过程中的作用,选择两个代理变量来衡量股票市场的变动,第一个变量采用巴菲特指数,即沪深两市股票总市值与 GDP 的比率,用 KRATE 表示,这一指标用于判断股票资产价格的估值,大于 1 则股票资产价格被高估,小于 1 则说明股票资产价格被低估;另外一个指标是用来判断股票市场的交易规模与市场规模的匹配程度,用 TVALUE 表示,即沪深两市股票成交总额与 GDP 的比率,这一指标也反映了股票市场的流动性。采用 2013 到 2018 年的季度数据,为消除季节趋势,对数据做去波动处理,数据来源中经网数据库(如表 8.1 所示)。

表 8.1　经过季节调整的数据

时间	国内生产总值增长率	货币政策	巴菲特指数	股市流动性
2003Q1	4.511501	5.901965	0.598238	0.421563
2003Q2	3.581893	6.207501	0.654079	0.389791
2003Q3	3.185266	6.254345	0.593590	0.349397
2003Q4	2.377811	6.214366	0.577424	0.669750
2004Q1	4.977451	6.093974	0.615726	0.881644
2004Q2	4.196903	6.073688	0.540801	0.171540
2004Q3	3.832005	6.029674	0.533122	0.417228
2004Q4	3.06508	6.071702	0.442655	0.561657
2005Q1	5.561481	5.931491	0.317581	0.300478
2005Q2	4.800413	6.077909	0.370540	0.022085
2005Q3	4.443445	6.191856	0.392824	0.471035
2005Q4	3.78424	6.187601	0.347020	0.471085
2006Q1	6.216221	5.990057	0.264979	0.433508
2006Q2	5.581633	6.055531	0.447531	0.640975
2006Q3	5.235205	6.129941	0.544782	0.708407
2006Q4	4.7326	6.089599	0.843342	1.180061
2007Q1	7.217052	5.761461	1.145466	2.426722
2007Q2	6.790483	5.759226	1.473193	4.378782
2007Q3	6.567375	5.861432	2.267540	3.685634
2007Q4	6.22702	5.778717	2.564579	2.398806
2008Q1	8.426231	5.489324	1.842928	2.617400

续表

时间	国内生产总值增长率	货币政策	巴菲特指数	股市流动性
2008Q2	8.179353	5.557261	1.379381	1.476157
2008Q3	7.850375	5.695816	1.131654	1.129740
2008Q4	7.21922	6.010803	0.869904	1.347156
2009Q1	8.876752	6.579073	1.181144	2.378904
2009Q2	8.687013	6.718917	1.448703	2.613214
2009Q3	8.580775	6.730160	1.347940	3.547909
2009Q4	8.41839	6.713871	1.468236	3.030356
2010Q1	10.21682	6.836212	1.513291	2.500700
2010Q2	10.23157	6.718036	1.156141	1.781056
2010Q3	10.18349	6.783097	1.325634	2.244994
2010Q4	10.25841	6.740339	1.307397	3.312380
2011Q1	11.89408	6.666332	1.399314	2.435861
2011Q2	12.17209	6.506008	1.282135	1.472919
2011Q3	12.21636	6.432119	1.088932	1.551693
2011Q4	12.12982	6.819407	0.944042	1.237792
2012Q1	13.30778	6.954092	0.980847	1.396664
2012Q2	13.49384	6.939260	0.995762	0.927881
2012Q3	13.55064	6.954544	0.918932	1.011237
2012Q4	13.68448	6.989051	0.908610	1.064264
2013Q1	14.52309	7.322023	0.912468	1.592050
2013Q2	14.72229	7.238782	0.859153	0.983275
2013Q3	14.97896	7.192968	0.931296	1.662263
2013Q4	15.3001	7.161929	0.842552	1.591927
2014Q1	15.61022	7.592515	0.830611	1.580177
2014Q2	15.97172	7.645759	0.893922	0.831072

续表

时间	国内生产总值增长率	货币政策	巴菲特指数	股市流动性
2014Q3	16.25961	7.400776	1.020173	2.169320
2014Q4	16.55584	7.379653	1.207477	3.696312
2015Q1	16.64706	7.785000	1.628305	5.089244
2015Q2	17.17589	7.827921	1.929145	10.556410
2015Q3	17.35946	7.842125	1.351309	6.427853
2015Q4	17.72278	7.819304	1.547081	5.563539
2016Q1	17.70566	8.289101	1.421463	3.652473
2016Q2	18.39996	8.161295	1.415741	2.974881
2016Q3	18.74137	8.105578	1.429543	3.163445
2016Q4	19.56572	7.936394	1.354439	2.985038
2017Q1	19.61666	8.237585	1.518371	2.713767
2017Q2	20.40631	8.079390	1.482187	2.089419
2017Q3	20.86823	8.001875	1.522198	2.927871
2017Q4	21.89581	7.805188	1.385898	2.362219
2018Q1	21.4267	8.090896	1.444556	2.591400
2018Q2	22.34339	7.954616	1.286874	1.703095
2018Q3	22.88219	7.914798	1.215820	1.544533
2018Q4	23.79745	7.803177	1.004633	1.540216

由于采用了增长率形式,所以模型选用各变量的自然对数形式,设定如表 8.2 所示。

$$\ln(\text{GDPR}) = \beta_0 + \beta_1 \ln(\text{KRATE}) + \beta_2 \ln(\text{TVALUE}) + \beta_3 \ln(\text{FDP}) + \mu$$

$$(8.1)$$

对模型进行回归分析,结果如表 8.2 所示。

表 8.2　回归分析结果

source	ss	df	MS	No.of obs	64	AdJ R ˉ2	0.5732
Model	13.6284589	3	0.237716594	F(3,59)	29.21	ROOT mse	0.39437
Residual	9.33169919	59	0.000241044	prob>F	0.000		
Total	22.9601581	62	0.011731797	R-squared	0.5936		
DlnGDP	Coef.	std.err.	t	p	95％conf.interval		
DlnFDP	2.040719	0.4216782	4.84	0.000	1.97237,2.884201		
DlnKRATE	0.156432	0.2312995	0.68	0.501	－0.3062359,0.6190998		
DlnTVALUE	0.220903	0.1408033	1.57	0.122	－0.607456,0.5025516		
_cons	－1.699475	0.7917722	－2.15	0.036	－3.283255,－0.1156946		

通过回归分析看,模型的估计结果为:

$$\ln(\mathrm{GDPR}) = -1.699 + 0.156\ln(\mathrm{KRATE})$$
$$+ 0.221\ln(\mathrm{TVALUE}) + 2.041\ln(\mathrm{FDP}) \tag{8.2}$$

各变量的相关系数如下表 8.3 所示。

表 8.3　相关系数表

	FDP	KRATE	TVALUE	GDP
FDP	1.0000			
KRATE	0.3384	1.0000		
TVALUE	0.4142	0.6901	1.0000	
GDP	0.7001	0.4050	0.4067	1.0000

由回归结果可以看出经济发展水平与货币政策、股票资产价格及股票交易规模都呈现正相关关系,这与本章最初的推测是一致的。股票资产价格波动的代理变量与股票市场交易规模的代理变量系数为正且系数都小于 1,并且变量的 t 检验结果不显著,这说明股票市场的市值变动和交易规模的变动都对货币政策传导到实体经济没有体现出明显的作用。

接下来,为了验证解释变量对被解释变量的拟合程度,我们考察估计式的 R-squared 值,等于 0.5936,这说明解释变量较好地解释了被解释变量。检验整个方程显著性的 F 统计量＝29.21,其对应的 p 值(Prob>F)为 0.0000,这说明所设定的模型是线性的,对误差的自相关性进行检验,发现 Durbin-Watson d-statistic(4,64)＝1.101393,这说明误差序列有一阶正自相关性。以防出现误差项的自相关,对原数列进行差分用 stata15.1 进行最小二乘法回归,结果如表 8.4 所示。

表 8.4　回归估计结果

source	ss	df	MS	No.of obs	63	AdJ R ^2	0.9795
Model	0.713149781	3	0.237716594	F(3,59)	986.19	ROOT mse	0.01553
Residual	0.014221621	59	0.000241044	prob＞F	0.000		
Total	0.727371402	62	0.011731797	R-squared	0.9804		
DlnGDP	Coef.	std.err.	t	p	95％conf.interval		
DlnFDP	−0.9319039	0.0200047	−46.58	0.000	−0.971933,−0.8918745		
DlnKRATE	0.001839	0.0129873	0.14	0.888	−0.0241485,0.0278264		
DlnTVALUE	0.0051661	0.0060664	0.85	0.398	−0.0069727,0.0173049		
_cons	0.0353542	0.0019579	18.06	0.000	0.0314365,0.039272		

$$D\ln GDP = 0.0353542 - 0.9319039 D\ln FDP$$
$$+ 0.001839 D\ln KRATE + 0.0051661 D\ln TVALUE \tag{8.3}$$

可以看到股票市场交易规模变量前的系数为 0.0051661,且不显著,股票价格波动指标系数为 0.001893,不显著,这说明股票资产价格的波动对实体经济传导作用不明显,而货币政策变量 $D\ln FDP$ 前面的系数为 −0.93,且显著,货币政策对实体经济的影响显著。

8.2　模型显著性检验

(1) t 检验

给定显著性水平 $\alpha = 0.05$,$D\ln FDP$ 的值 t 为 −46.58,p 值接近于 0,可以拒绝虚拟假设。而 $D\ln TVALUE$ 的伴随概率高达 0.398,$D\ln KRATE$ 的伴 p 值为 0.888,显示这两个变量没有通过 t 检验,这两个解释变量对被解释变量的影响不显著。

(2) F 检验

给定显著性水平 $\alpha = 0.05$ 时,模型中 $F = 986.19$ 大于临界值,F-statistic 的伴随 p 值为 0.000000。可以得出结论:在显著性水平 $\alpha = 0.05$ 下拒绝原假设,也就是说本模型的线性回归方程是显著的。

(3) R 检验

通过多重决定系数 $R^2 = 0.9804$ 可以判断出模型的拟合程度很高,说明解释变量和被解释变量之间具有很强的线性相关关系,解释变量对 GDP 增长的解释度高达 98.04%。

8.3　自相关检验

经过计算,Durbin-Watson 的数值为 DW＝X＝1.597408,通过图 8.2 判断,模型中不存在序列相关,解释变量之间也不存在自相关性。

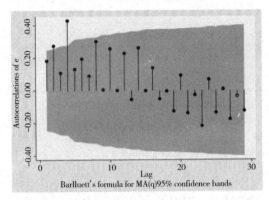

图 8.2　自相关检验图示

8.4　残值异方差性的检验

结合两维平面图的散点分布,基本可以判定不存在残值异方差现象(如图 8.3 所示)。

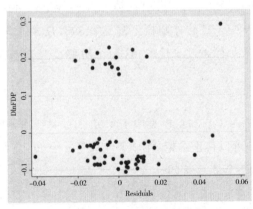

图 8.3　异方差检验图示

表 8.5　布鲁施-培根检验结果

H0	constant variable	
chi2(3)	2.28	
	prob>chi2	0.5163

根据 P 值＝0.5163＞0.05 判断,不存在异方差(见表 8.5)。

表 8.6　怀特检验结果

White Test for Ho:homoskedasticity			
against:unrestricted heteroskedasticity			
chi2(9)＝7.30			
Prob>chi2＝0.6061			
source	chi2	df	p
heteroskedasticity	7.3	9	0.6061
Skewness	7.66	3	0.0535
Kurtosis	3.93	1	0.0475
Total	18.89	13	0.1266

根据 P 值＞0.05 判断,不存在异方差(见表 8.6)。

表 8.7　迪基-富勒单位根检验结果

	test statistuc	1%critical	5%	10%
$Z(t)$	−13.582	−4.124	−3.488	−3.273
MacKinnon approximate p-value for $Z(t)$＝0.000				

根据单位根检验结果中 t 值小于显著性水平为 1% 的临界值,说明序列平稳不存在单位根(如表 8.7 所示)。

表 8.8　误差分析结果

	DlnGDP	DlnFDP	DlnKRATE	DlnTVALUE
DlnGDP	1.000			
DlnFDP	−0.9900	1.000		
DlnKRATE	−0.5093	0.5250	1.000	
DlnTVALUE	−0.2403	0.3623	0.5989	1.000

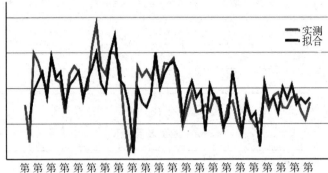

图 8.4　误差分析图

结合表 8.8 与图 8.4 可以看出误差比较小,实际值与拟合值比较接近,不存在显著差异。

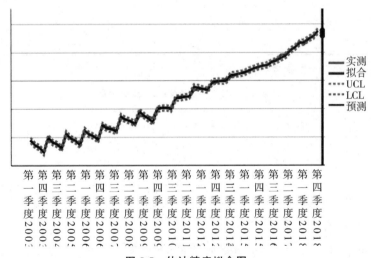

图 8.5　估计精度拟合图

从图 8.5 中可以看出,平均绝对误差为 0.0169,平均绝对百分误差为 0.1689,协变率接近 1,偏差率和方差率都很小。大体上可以判定本模型的估计精度较高,拟合值基本接近真实值。各解释变量间也不存在较强的自相关性和异方差。总体上看来,模型所选的解释变量比较全面地解释了被解释变量,呈现出较强的显著性,这说明模型较好地解释了与货币供应量相关的货币政策变量对实体经济的传导关系。此外,我们选择作为刻画股票市场发展的两个代理变量:巴菲特指数和交易规模变量没有通过显著性检验,这说明股票市场的波动对我国货币政策传导影响不显著。

8.5　本章小结

近年来,资产价格波动成为影响宏观经济发展的重要原因,世界上许多经济体都发生过资产价格的异常波动引发经济或金融危机的现象。例如,20 世纪 80 年代日本由于股票市场和房地产市场泡沫的破裂,陷入长达十年的经济低迷状态;美国的低利率政策导致房地产价格不断攀升,最终引发次贷危机,扩散至全球。我国的房地产市场和股票市场虽然起步比较晚,目前资产价格在货币政策传导方面的作用尚不显著,我国不可避免地面临着资产价格大幅度波动的现象,通过对货币政策经资产价格传导到实体经济的效果,研究货币政策对资产价格的关注对于央行制定货币政策,应对资产价格波动,甚至减少资产价格波动对货币政策有效性的影响,意义十分重大。

近年来,我国股票市场的不断发展,股票资产已经成了企业和个人资产配置中重要的组成部分,因而资产价格的波动,必然会影响投资与消费,从而对整个实体经济的运行产生重大的影响。

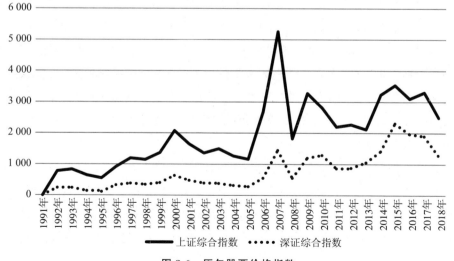

图 8.6　历年股票价格指数

数据来源:根据中经网数据库

从图 8.6 沪深两市综合指数的变动可以看出,我国股票市场 30 年间经历了剧烈的波动,这些年股票资产价格的波动并没有对实体经济产生严重的负面影响,一方面是由我国金融市场结构决定的,目前,我国主要的金融中介仍是银行系统,资产价格变动通过资产负债表传导到银行系统,股价的波动会直接对银行金融机构造成冲击,而不会迅速传导到实体经济;另一方面,我国对于股市的入市资金来源限制十分严格,杠杆行为仅限于"融资融券"交易,该交易制度也设立了强制平仓线的严控风险的措施,大部分流入股市的资金来自企业与居民的自有资金,资产价格的波动会通过财富效应对企业与个人产生影响。股票市场的发展程度决定了它对于宏观经济发展的影响,虽然我国股票市场发展仅有不到 30 年的历史,但不意味着我国的货币政策就可以忽视股票市场对货币政策和宏观经济的影响。

我国的股票市场与成立之初相比,无论是参与主体还是交易规模都倍速增长,随着"沪港通""深港通"的落地,资本市场进一步对外开放,许多业绩优异的民营企业、国有企业都已成功上市,股票市场的波动对国民经济造成的影响日益增强。股票资产价格的适度波动,对于增强股票市场的流动性、激发市场主体的活力是有促进作用的,但是股票资产价格的暴涨暴跌,对于金融市场的稳定和宏观经济的有序发展都是极其不利的。

本文第 2 章理论基础的回顾中,货币政策的资产价格传导部分就已经明确:货币政策会通过"托宾 Q"、居民和企业的资产负债表、财富效应对居民和企业部门的投资和消费产生影响,最终传导到实体经济,在此不再赘述这部分内容。货币政策需要关注股票资产价格的一个重要原因,是股票价格对于通货膨胀的影响,即股票价格的波动通过通货膨胀传导到实体经济。这是由于资产价格的上涨能够引导人们的预期发生改变,当股票价格大幅上涨时,投资者会形成一种预期:普通商品的价格未来将也会上涨,本身资产价格上涨就伴随着宽松的货币政策,那么这种对未来一般商品价格的预期会改变投资者的行为,最终加速推进物价水平的上涨,推进通货膨胀的出现。

资产价格作为资本市场主体供求关系的表现,不仅仅由宏观经济基本面决定,还受到投资者行为和市场参与者心理预期的影响,这就决定了"资产价格泡沫"并不像常规的经济标量一般易于识别,但是货币政策可以在资产泡沫形成的初期,及时有效地采取"去杠杆"等抑制泡沫和投资过热的措施,配合货币政策实现政策目标。

第 9 章　研究结论与展望

9.1　研究结论

本书旨在研究中国情境下货币政策与股票市场价格波动的关系问题,主要回答以下两个关键问题:一是中国货币政策是否对股票市场价格波动产生影响? 二是货币政策应否以及如何应对股票市场价格波动? 本书的增量贡献主要在于,将中国股票市场结构特征——散户占比高、国企产权占比高,纳入理论分析框架中,并予以实证检验。经过理论与实证分析,得出以下主要结论:

第一,我国货币政策与股票市场价格波动之间存在因果关系。基于宏观视角的理论分析表明,货币政策通过利率渠道、流动性渠道、通胀渠道和产出渠道影响股票市场价格。采用 VAR 模型、VEC 模型、格兰杰因果检验方法对理论机制进行实证分析发现,样本期间我国货币政策主要通过利率渠道和货币供给(流动性)渠道对股票市场价格产生显著影响。货币供给对股票市场价格波动呈负向影响,利率对股票市场价格波动短期内呈正向影响、长期呈负向影响。这回答了本书的第一个关键问题,央行可以通过数量型货币政策和价格型货币政策工具影响股票市场。

第二,投资者情绪进一步放大了货币政策对股票市场价格波动的影响。运用行为金融学“羊群效应”理论工具,将中国股票市场投资者结构特征——散户占比高纳入分析框架。构建噪声交易模型,用投资者情绪作为中国股票市场投资者结构特征的代理变量,研究货币政策对股价影响的微观实现路径。实证分析表明,引入投资者情绪后,货币政策中介目标——货币供应量和利率对股票市场价格的冲击强度显著提高且影响的时间更长。这一发现从微观路径上回答了本书的第一个关键问题:央行可以通过数量型货币政策和价格型货币政策工具影响股票市场,同时,源于中国散户占比高的投资者结构特征,需要考虑投资者情绪在其中的“放大器"效应。

第三,中国货币政策应当关注股票市场价格波动并对其作出反应。在明确中国货币政策与股票市场价格波动之间具有因果关系,以及考虑中国政府治理结构特征和中国股票市场结构特征对二者关系的影响机制和渠道之后,本书进一步讨论了股票市场价格波动与货币政策目标和金融稳定的关系。运用结构向量自回归模型,对股票价格、产出缺口、物价指数、货币政策变量数据进行分析,发现股票价格波动对于产出的冲击不稳定,对物价水平目标存在正向冲击。货币政策的变动会通过货币流动性总量失衡传导到股票市场,如果伴随投资主体高杠杆率的情形,股票市场价格泡沫的积累会对金融稳定造成威胁。一方面,鉴于股票市场价格泡沫破灭的危机成本巨大,在超常规的信贷大幅增长、宏观杠杆率攀升的同时伴随股票市场价格快速上涨时,货币政策应该对股票市场价格的正向波动作出反应;另一方面,一旦股票市场价格短时暴跌、引起市场恐慌甚至具有金融危机迹象时,货币政策应该对股票市场价格的负向波动作出反应。理论分析和实证结果回答了本书的第二个关键问题:中国货币政策应当关注并对股票市场价格波动做出反应。

9.2　研究启示

本书的研究结论从宏观路径和微观路径证实了货币政策对股票市场价格波动有显著影响,并且中国货币政策应当关注并对股票市场价格波动做出反应。本书的研究在货币政策的优化方面获得如下四点启示:

第一,优化货币政策调控框架,适当关注股票市场价格波动。本书的研究表明,货币政策通过利率渠道和流动性渠道对股票市场价格波动产生影响,这说明当股票市场价格的波动危及金融稳定时,货币政策有能力对股价波动引发的市场反应作出调节,这并不意味着货币政策应当干预个股的波动打破市场均衡,而是当股票市场整体陷入波动状态,甚至引发泡沫时,货币政策有能力通过政策安排最大限度降低股票市场波动引发的损失。本书在最优货币政策反应理论的分析中也明确了货币政策应对股价波动的反应原则:最优的货币政策安排的准则应当是在控制导致股价波动因素的同时,最大程度降低货币政策对产出的影响。因此,在优化货币政策调控过程中,应适当关注股票市场价格的波动,提升货币政策的前瞻性。

第二,建立并完善股票市场的宏观审慎评估体系。我国当前的宏观审慎评估体系是针对整个金融系统风险防范与化解的监管手段,近年来复杂多变的国际形势对资本市场的冲击为金融监管和风险防范带来了严峻的挑战,针对股票市场的宏观审慎评估体系亟待建立并完善。本书的研究表明,中国政府治理结构特征在货币政策对股价的影响中具有正向调节作用,并且不同产权性质的股价波动具有产权异质性效应。这说明货币政策的股价传导机制在中国政府治理结构特征和中国股票市场投资者结构特征的作用下更趋复杂,单纯依靠单一货币政策调控股票市场价格存在一定的局限性和时滞性。从维护金融稳定和我国货币政策的最终目标——保持币值稳定、促进经济增长来看,完善货币政策和宏观审慎"双支柱"调控框架是货币当局充分研判了传统的货币政策工具及其传导渠道后做出的政策安排。宏观审慎调控是全球危机后,世界各国在防范化解金融风险领域的共识。货币政策主要针对的是经济总体调控,更加侧重经济增长和物价稳定目标,而宏观审慎管理则是针对金融领域的顺周期特征展开的逆周期调控,旨在防范与化解金融风险,维护金融稳定的一系列政策安排。中国在 2009 年的货币政策执行报告中明确提出,未来一阶段的工作思路是建立宏观审慎管理制度并纳入宏观调控框架,以维护金融体系的稳健发展。随后,中国的宏观审慎体系不断丰富,外汇流动性、跨境资金流动、表外理财纳入广义信贷等一系列指标被纳入宏观审慎体系,2016 年全面升级为宏观审慎评估体系(MPA)。党的十九大更是将宏观审慎的重要性上升至"货币政策与宏观审慎双支柱"的政策框架。2021 年 12 月中国人民银行颁布《宏观审慎政策指引(试行)》,对宏观审慎政策实施提出了若干具体准则。目前我国宏观审慎体系的指标见下表。

表 9.1　宏观审慎评估体系指标

评估内容	指标
资本与杠杆	资本充足率、杠杆率
资产负债	广义信贷、委托信贷、同业负债、表外理财、同业存单(5000 亿元以上)、制造业中长期贷款和信用贷款
流动性	流动性覆盖率、净稳资金比例、遵守准备金制度情况
资产质量	不良资产率、拨备覆盖率
跨境融资风险	跨境融资风险加权余额
定价行为	利率定价、贷款市场报价利率(LPR)运用情况及贷款利率竞争行为
信贷政策执行	信贷政策执行情况、央行资金运用情况、信贷政策评估结果、绿色金融、定向降准城商行使用降准资金发放民营、小微企业贷款情况
新增指标	民营企业融资、小微企业融资、地方法人银行吸收异地存款情况

通过表 9.1 可以看出,我国现行的宏观审慎评估框架中,尚未加入股票市场价格相关的专项评估指标。宏观审慎政策与货币政策相协调,前提是认清单一货币政策在处理股票市场价格波动时所面临的局限性,货币政策作为总量调节手段,一般通过对货币供给量和利率的调节,来实现货币政策目标。与单一的货币政策相比,宏观审慎政策在对股票市场价格波动的响应上,与货币政策形成了相互补充,具体的操作流程可以考虑首先通过宏观审慎评估体系识别引起股票市场价格的波动的因素,尤其是股价波动呈现出产权异质性的特征,在宏观审慎的评估指标体系中应当设定能够识别、辨别异质性波动来源的监测指标,针对性地实施差别化的调控工具。2021 年 12 月发布的《宏观审慎政策指引(试行)》中指出,当系统性金融风险触发宏观审慎政策工具阈值时,启用宏观审慎工具应对风险[①]。本书的分析中,明确了金融分权在货币政策对股票市场价格影响过程中的调节作用,同时源于中国国有产权占比高的融资者结构特征,需要考虑产权异质性在其中的"扰动扭曲"效应,这说明货币政策的股价传导机制在中国政府治理结构特征和中国股票市场投资者结构特征的作用下更趋复杂,单纯依靠单一货币政策调控股票市场价格存在一定的局限性和时滞性。因此,在制定宏观审慎政策工具阈值时,应当将股票市场的价格波动指标考虑进去,当股价的波动触发了宏观审慎工具阈值时立即启用宏观审慎工具及时应对,控制金融风险的同时对货币政策工具的调控形成补充。

引入针对股票市场的宏观审慎体系配合货币政策应对股票市场价格波动是基于宏观审慎政策与股票市场价格波动间的特性与内在联系:宏观审慎政策主要运用资产工具、信贷控制和预期管理对资产价格的波动进行响应。宏观审慎政策最大的特点就是逆周期调控,反观股票市场价格的波动,往往是顺应经济周期出现的。当经济基本面向好时,股票市场价格往往会随之上涨,当经济下滑时,股票市场价格也会随之下降。股票市场价格的暴涨会带来系统性风险,股票市场价格的暴跌会对实体经济发展造成重创。宏观审慎政策的逆周期调控体现在其对金融市场运行中所存在的潜在风险进行严密的监控从而控制系统性风险,如果将股票市场价格的波动纳入宏观审慎评估体系,受到宏观审慎管理体系的监测,能够使股票市场价格的异常波动迅速被识别、及时防范与化解,从而保障金融市场的稳定健康发展。

完善冲击金融稳定的监测预警系统。针对货币政策的影响通过流动性失衡传

---

①　中国人民银行,《宏观审慎政策指引(试行)》[Z].2022.

导到股票市场价格并影响金融稳定的结论,提出完善冲击金融稳定的监测预警系统的建议。货币流动性的失衡是由流动性的供需矛盾引起的。央行利用存款准备金率、再贴现率和公开市场操作进行货币政策调节,以物价稳定为政策最终目标,那么当经济出现增长乏力时,央行会实施宽松的货币政策,以刺激投资和消费,如果宽松的货币政策所释放的流动性,没有及时被企业、个人等实体经济的主体和部门消化时,就可能出现流动性过剩的现象,对流动性失衡状况进行监测,在流动性对金融稳定造成大规模冲击前进行预警就显得十分重要。预警指标中不仅需要包含实体经济的流动性指标,还应将虚拟经济的流动性指标纳入体系内,以总量指标为主,参考结构性指标,形成日常监测、异常预警、应急预案在内的一整套检测与预警系统,做好事前风险控制,设定合理的预警范围,对预警信息的安全有效性要有可靠的判断标准,将预警信号定期向金融机构、投资者等市场主体进行公开,引导市场主体的预期合理性行为。针对流动性失衡进行总量调节与结构调节相结合的调控。在流动性失衡的总量引导方面,对于过剩的流动性,鼓励金融产品的创新,为投资者提供更多的投资标的,疏导过剩的流动性。我国股票市场目前的容量和流通股规模对于消化过剩的流动性尚有一定难度,因而股票市场的进一步扩容的需求迫切,我国应当加快推进股票发行注册制的落地,发挥好多层次资本市场的作用,积极疏导过剩的流动性。一般的货币政策工具往往存在滞后性,当识别到流动性失衡时,再进行货币政策调整,极有可能加剧波动,一般性货币政策工具可与多期限货币政策工具相结合,根据市场现实反映及时作出调整。针对流动性结构失衡的现象,要分行业对流动性指标进行监测,针对不同行业的流动性需求不同,实施定向的流动性疏导。我国早在 2015 年就开始实施了定向降准,在宏观审慎框架内也有针对不同行业的流动性引导工具。对于股票市场的流动性引导目前还有欠缺,我国股票市场应当进一步完善信息披露制度,在信息对称的前提下,引导投资者的预期,将过剩的流动性疏导到股票市场。另外,还应完善股票市场质押相关规定,对质押率和质押期限上调,以控制股票市场的流动性风险。

　　加强货币政策的预期引导。针对投资者情绪作用下货币政策对股票市场价格的影响更为显著的研究结论,通过加强货币政策的预期引导应对股票市场价格的波动。近年来"预期管理"越来越得到世界各国宏观调控的重视,央行在公共信息渠道的信息发布,成为管理预期的重要手段,通过信息发布使得市场预期向央行的预期目标靠近,这是预期引导的概念,也是货币政策预期管理的内核。其实现货币政策目标的作用机制如图 9.1 所示。

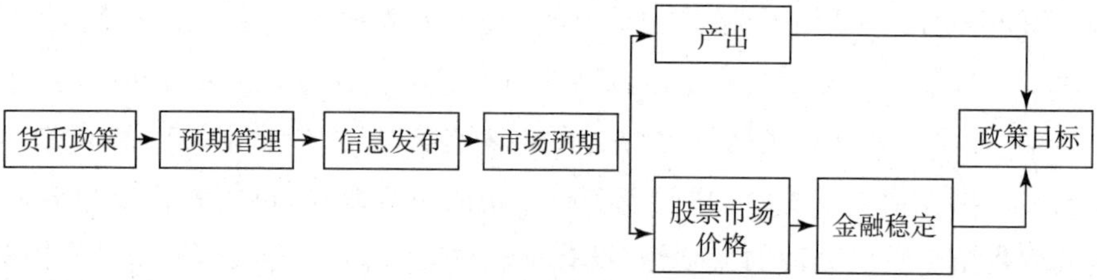

图 9.1　货币政策预期引导作用机制

可见货币政策的预期引导首先决定货币政策目标,其次是包含预期管理的货币政策反应函数,预期管理是通过货币政策未来走势引导公众预期,进而通过货币政策传导机制影响实体经济。也就是说,货币政策预期引导与股票市场价格的关系,是通过对货币供应量、利率的预期管理联系起来的。当前,我国的货币政策在预期管理方面尚有欠缺,很大一部分原因与我国货币政策信息披露滞后有关,我国目前尚未对公众公开披露宏观经济预测模型及指标,货币政策操作信息发布或预披露时,没有准确的后续操作导向,公众容易形成错误预期,进而引发金融市场的波动。那么既然明确了货币政策预期引导对股票市场价格的作用路径,那么在货币政策的反应方面,货币政策的预期管理工具应当将影响股票市场价格的指标纳入预期管理框架,与货币政策通过预期管理作用于实体经济的路径相比,股票市场价格本身就是更容易受预期引导的指标,由于股票市场参与者的投机性心理,股票市场价格的预期引导效果更加敏感。这需要货币当局建立预测指标体系,并定期发布公开信息,在信息公开的过程中,准确传递预期引导的方向,随时公开货币政策操作信息。利用货币政策的预期管理特点,克服传统货币政策的时滞性。例如,利用价格型货币政策工具进行调节时,可提前公告未来政策调整内容,股票投资者基于对未来利率变化的预期会进行投资策略的调整,这样会大大减少股票市场参与者由于政策不确定所引发的非理性抛售与买入行为,进而造成股票市场价格剧烈波动的情形。目前央行公开的货币政策信息大多以政策文件下发的形式出现,缺乏预告性,不利于公众形成市场预期,强化货币政策的公开性,资本市场能够在预期的作用下,做出更真实、准确的价格反应,才能实现货币政策精准的预期管理,以便实现货币政策目标。

9.3　研究不足与展望

本书首先通过对货币政策理论及其传导机制等理论基础和相关文献进行梳理和分析，坚持理论与实证相结合的研究方法，运用面板回归分析，明确了货币政策对股票市场价格波动的影响，将中国政府治理结构特征、股票市场投资者结构特征纳入了模型，完善了分析框架。考虑到股票市场价格波动会对金融稳定造成影响，这种影响可能通过货币政策对货币流动性的影响，间接传导到股票市场价格上，在股票市场价格发生异常波动时进而对金融稳定造成威胁。构建结构向量自回归模型对股票市场价格的通货膨胀预测性进行了验证，得出研究结论与启示。然而，本书的研究仍存在两点不足：

第一，对于投资者情绪如何形成预期，进而引导投资者的投资决策这一机制尚不明确。本书通过实证分析，得出了货币政策的影响通过投资者情绪传导到实体经济的结论。对于投资者情绪——投资者预期的形成机制的研究，将会使得中国货币政策对股票市场价格的影响分析更加清晰。

第二，本书对金融分权 I 和金融分权 II 引发的股价异质性波动进行了实证分析，但在货币政策如何识别并应对两种金融分权引发的股价波动方面仍需进一步研究。

未来笔者的研究将围绕货币政策的股票市场价格传导进一步开展。其中最主要的难点在于两方面，一是明确投资者情绪形成预期和影响股票市场价格的作用机制，为宏观审慎政策和前瞻性货币政策指引提供更加科学的依据；二是如何识别并应对两种金融分权引发的股价波动，最大程度实现货币政策框架的有效安排，确保物价稳定与金融稳定目标的实现。这是笔者未来研究的主要方向，同时也要在研究中结合宏观经济环境的变化不断提升研究结果的科学性和实用性。

参考文献

[1] MOHANTY M S, TURNER P. Monetary policy transmission in emerging market economies：What is New[J].BIS Papers chapters,2008,(35):1-59.

[2] PRIMUS K.The effectiveness of monetary policy in small open economies[J].Journal of Policy Modeling,2018,40(5):903-933.

[3] CHANG CHUN P,XIAO L.M2 Index Failure and Transformation of Monetary Policy——Based on the Perspective of Structural Decomposition of Currency Creation Channel[J].Economist,2018(2):28-35.

[4] 李成,吕昊旻.中国货币政策调控方式转型:理论逻辑与实证检验[J].现代经济探讨,2019.(11):1-12.

[5] 胡志九.我国货币政策的数量型调控与价格型调控转型[J].改革,2018(8):93-103.

[6] 张屹山,孟宪春,李天宇.我国货币政策转型机制研究——基于国际经验视角[J].数量经济研究,2017,8(1):14-28.

[7] 马鑫媛,赵天奕.非正规金融与正规金融双重结构下货币政策工具比较研究[J].金融研究,2016(2):137-144.

[8] MISHKIN F S.The Economics of Money,Banking,and Financial Markets[M].New York,2001.

[9] MISHKIN F S.The Transmission Mechanism and the Role of Asset Prices in Monetary Policy[R].NBER Working Paper,2001.

[10] CIARLONE A.Housing wealth effect in emerging economies[J].Emerging Markets Review,2011,12(4):399-417.

[11] GALI J,The Effects of Monetary Policy on Stock Market Bubbles:Some Evidence[J]. American Economic Journal:Macroeconomics,2015,1(7):233-257.

[12] EDISON H,SLOK T.IMF New Economy Stock Valuations and Investment in the 1990s[R].Washington:IMF Working Paper,2001.

[13] FILARDO A J.Monetary policy and asset prices[J].Economics Review,2000 (3):11-37.

[14] FUNKE N.Is there a stock market wealth effect in emerging markets? [J]. Economics Letters,2004,83(3):417-421.

[15] CASE K E,JOHN MQ,SHILLER R J.Comparing Wealth Effects:The Stock Markets versus the Housing Market[J].Advances in Macroeconomics,2005,5 (1):1235.

[16] Wang B.Wealth Effect of Stock Market on Residents' Consumption:In the Angle of National and Regional[C].Fourth International Conference on Business Intelligence and Financial Engineering,2011.

[17] TSAI I C,LEE C F,CHIANG MC.The Asymmetric Wealth Effect in the US Housing and Stock Markets:Evidence from the Threshold Cointegration Model[J].The Journal of Real Estate Finance and Economics,2012,45(4): 1005-1020.

[18] 袁志刚,解栋栋.流动性与资产价格波动关系研究评述[J].经济学动态,2009 (10):121-125.

[19] MAZOUZ K,YIN SX,ALRABADI DWH.Systematic liquidity risk and stock price reaction to shocks[J].Accownting Finance,2012,52(2):467-493.

[20] 陈志昂,胡贤龙.我国科技投入与经济增长关系的实证分析[J].山东经济, 2011,27(1):16-20.

[21] 储成兵.货币政策对股票价格的影响机理研究[J].价格理论与实践,2011 (10):70-71.

[22] BALI T G,PENG Y.Liquidity shocks and stock market reactions[R].Economic Research Forum Working Paper,2014.

[23] 丁述军,邵素文,黄金鹏,等.我国货币政策对股票市场影响的实证分析[J].统计与决策,2018,34(3):156-159.

[24] CHANG X Y.Excess monetary liquidity and asset prices in China:An empirical investigation[C].2008 International Conference on Management Science and Engineering sth Annual Conterence Proceedings,2008,192-203.

[25] DETKEN C,ADALID R.Liquidity shocks and asset price boom/bust cycles [R].Frankfurt:European Central Bank (ECB) Working Paper Series,2007.

[26] BRUGGEMAN A.Can Excess Liquidity Signal an Asset Price Boom? [R]. National Bank of Belgium Working Paper ,2007.

[27] Feng H.,Xiao-Peng Z.,A Study of Liquidity Risk Premium in Chinese Stock Markets[J]. Journal of Zhejiang University (Humanities and Social Sciences),2007(9):191-200.

[28] CHENG S R.A study on the factors affecting stock liquidity[J].International Journal of Services and Standards,2007,3(4):453-475.

[29] LEAR V W.Portfolio Shifts,Asset Price Declines,and Liquidity Lock:Understanding the 2007-2009 Financial Crisis[J].International Journal of Political Economy,2010,39(3):64-80.

[30] FLORACKIS C,KONTONIKAS A,Kostakis A.Stock market liquidity and macro-liquidity shocks:Evidence from the 2007-2009 financial crisis[J]. Journal of International Money and Finance,2014,44(6):97-117.

[31] PING Z,MONETARY POLICY.Stock Liquidity and Stock Price Crash Risk [J].South China Journal of Economics,2015(3):78-92.

[32] TSAI C.The Reaction of Stock Returns to Unexpected Increases in the Federal Funds Rate Target[J].Journal of Economics & Business,2011(63):121-138 .

[33] 孙华妤,马跃.中国货币政策与股票市场的关系[J].经济研究,2003(7):44-53;91.

[34] 袁堂洁.我国货币政策与股票价格关系的实证研究[J].知识经济,2019(22):51;53.

[35] 胡一博,赖玉洁.基于非线性 Grange 检验的货币政策与股市波动关系研究[J].西安航空学院学报,2019,37(4):65-72;90.

[36] 盛朝晖.中国货币政策传导渠道效应分析:1994—2004[J].金融研究,2006,(7):22-29.

[37] 孙巍.中国货币政策传导的股市渠道——基于宏微观视角的实证分析[J].上海金融,2010(5):43-48.

[38] 张文君.股价对利率敏感吗——基于股改后数据的 SVAR 模型分析[J].贵州财经学院学报,2011,(5):31-35.

[39] EGGERTSSON G B,JUELSRUD R E,SUMMERS L H,et al.Negative nominal interest rates and the bank lending channel[R].NBER Working Paper,2019.

[40] KUGLER P,JORDAN T J,LENZ C,et al.GDP data revisions and forward-looking monetary policy in Switzerland[J].The North American Journal of Economics and Finance,2005,16(3):351-372.

［41］CAMPBELL J T,EVANS C L,FISHER J D M,Macroeconomic Effects of Federal Reserve Forward Guidance[J].Brookings Papers on Economic Activity,2012,2012(1):1-80.

［42］SVENSSON LEO.Forward Guidance[J].International Journal of Central Banking,2015,11(4):19-64.

［43］MCKAY A,NAKAMURA E,STEINSSON J.The Power of Forward Guidance Revisited［J］.Brookings Papers on Economic Activity 2015(TN.20882):a1-.

［44］KEEN B D,RICHTER A W,THROCKMORTON N A.Forward Guidance and the State of the Economy[J].Economic Inquiry,2017,55(5):1593-1624.

［45］BONEVA L,HARRISON R,WALDRON M.Threshold-based forward guidance[J].Journal of Economic Dynamics and Control,2018(90):138-155.

［46］QIAN Y Y,OLAND G.Federalism and the soft budget constraint[J].The American Economic Review,1998,88(05):1143-1162.

［47］巴曙松,刘孝红,牛播坤.转型时期中国金融体系中的地方治理与银行改革的互动研究[J].金融研究,2005,(5):25-37.

［48］丁骋骋,傅勇.地方政府行为、财政—金融关联与中国宏观经济波动——基于中国式分权背景的分析[J].经济社会体制比较,2012(6):87-97.

［49］洪正,胡勇锋.中国式金融分权[J].经济学(季刊),2017,16(2):545-576.

［50］周立.国家能力与金融功能财政化研究[J].华南金融研究,2003(3):13-23.

［51］张军.分权与增长:中国的故事[J].经济学(季刊),2008(1):21-52.

［52］谢宗藩,姜军松.金融分权、银行制度变迁与经济增长——基于1993～2012年省际面板数据的实证研究[J].当代经济科学,2016,38(5):12-20;124.

［53］李娟娟,林宜珍.中国式金融分权:文献综述与研究展望[J].西部论坛,2021,31(4):52-64.

［54］POAXAR A,ADRIAN T,ASHERAFT A B.Shadow banking[J].Staff Reports,2010,105(458):447-457.

［55］LEE J.Essays on Asset Pricing and Financial Stability[J].Economic Record,2014,87(277):318-334.

［56］DANG T V,WANG H,YAO A.Chinese Shadow Banking:Bank-Centric Misperceptions[J].Hong Kong Institute for Monetary Research,2014(3):66-69.

［57］LI J,HSU S.QIN Y.Shadow banking in China:Institutional risks［R］.

HKIMR Working Paper,2014.

[58] PLANTIN G.Shadow Banking and Bank Capital Regulation[J].The Review of Financial Studies,2015,28(1):146-175.

[59] DUCA J V.How Capital Regulation and Other Factors Drive the Role of Shadow Banking in Funding Short-Term Business Credit[J].Journal of Banking & Finance,2016(69):s10-s24.

[60] ALLEN F,QIAN Y,TU G,et al.Entrusted Loans:A Close Look at China's Shadow Banking System[J].Journal of Financial Economics,2019,133(6):18-41.

[61] YAO W,HU J.Inherent Risks in Chinese Shadow Banking[J].Shadow Banking in China:An Opportunity for Financial Reform,2016(8):133-170.

[62] Ehlers T.,Kong S.,Zhu F.,Mapping shadow banking in China:structure and dynamics[R].BIS Working Paper,2018,No.701.

[63] Wischnewsky A.,Neuenkirch M.,Shadow Banks and the Risk-Taking Channel of Monetary Policy Transmission in the Euro Area[R].Trier:CESifo Working Paper Series,2018,No.7118.

[64] FENG X,LU L,XIAO Y J.Shadow banks,leverage risks,and asset prices [J].Journal of Economic Dynamics and Control,2020,111(C):103816.

[65] ISTIA K.The nature of shadow bank leverage shocks on the macroeconomy [J].The North American Journal of Economics and Finance,2019,5(C):101029.

[66] 周安.银行竞争、影子银行与货币政策有效性分析[J].中央财经大学学报,2019(11):40-56.

[67] 高然,陈忱,曾辉,等.信贷约束、影子银行与货币政策传导[J].经济研究,2018,53(12):68-82.

[68] 肖浩,孔爱国.融资融券对股价特质性波动的影响机理研究——基于双重差分模型的检验[J].管理世界,2014(8):30-43;187-188.

[69] 李科,徐龙炳,朱伟骅.卖空限制与股票错误定价——融资融券制度的证据[J].经济研究,2014,49(10):165-178.

[70] 王化成,曹丰,高升好,等.投资者保护与股价崩盘风险[J].财贸经济,2014(10):77-82.

[71] 罗进辉,杜兴强.媒体报道、制度环境与股价崩盘风险[J].会计研究,2014(9):53-59;97.

[72] 吴国平,谷慎.融资融券交易对我国股市波动性影响的实证研究[J].价格理论与实践,2015(10):105-107.

[73] 邓雄.高杠杆下股市剧烈波动的影响与应对:国际比较及启示[J].国际金融,2015(12):56-61.

[74] 吕大永,吴文锋.杠杆融资交易与股市崩盘风险——来自融资融券交易的证据[J].系统管理学报,2019,28(1):116-122;133.

[75] 郑振龙,孙清泉.彩票类股票交易行为分析:来自中国 A 股市场的证据[J].经济研究,2013,48(5):128-140.

[76] 林祥友,易凡琦,陈超.融资融券交易的助涨助跌效应——基于双重差分模型的研究[J].投资研究,2016,35(4):74-86.

[77] 李志生,陈晨,林秉旋.卖空机制提高了中国股票市场的定价效率吗?——基于自然实验的证据[J].经济研究,2015,50(4):165-177.

[78] 方军雄,诸剑.中国式融资融券制度安排与股价崩盘风险的恶化[J].经济研究,2016,51(5):143-158.

[79] 毕建欣,雷连海,彭勃.基于扩展的 DSSW 模型的资产价格泡沫生成演化建模及仿真研究[J].预测,2019,38(2):83-89.

[80] 部慧,解峥,李佳鸿,等.基于股评的投资者情绪对股票市场的影响[J].管理科学学报,2018,21(4):86-101.

[81] 陈奕名.投资者情绪对股价影响的实证研究[D].武汉:华中师范大学,2018:13-36.

[82] 尹海员,吴兴颖.投资者高频情绪对股票日内收益率的预测作用[J].中国工业经济,2019(8):80-98.

[83] 赵汝为,熊熊,沈德华.投资者情绪与股价崩盘风险:来自中国市场的经验证据[J].管理评论,2019,31(3):50-60.

[84] 王德青,田思华,朱建平,等.中国股市投资者情绪指数的函数型构建方法研究[J].数理统计与管理,2021,40(1):162-174.

[85] 孙培源,施东晖.基于 CAPM 的中国股市羊群行为研究——兼与宋军、吴冲锋先生商榷[J].经济研究,2002(2):64-70;94.

[86] 董志勇,乾旭.基于 GCAPM 的羊群行为检测方法及中国股市中的实证依据[J].金融研究,2007(5):108-117.

[87] 柴正猛,汪凌波,宋煜杰.我国创业板市场的"羊群效应"心理分析——基于GARCH 模型的研究[J].巢湖学院学报,2018,20(1):39-45;67.

[88] 张一锋,雷立坤,魏宇.羊群效应的新测度指数及其对我国股市波动的预测作

用研究[J].系统工程理论与实践,2020,40(11):2810-2824.

[89] De Bondt W,Thaler R,Does the stock market overreact? [R].European Central Bank Working Paper Series,2000,No.35.

[90] BAKER M,WURGLER J.Investor Sentiment and the Cross-Section of Stock Returns.[J].The Jornal of Finance,2006,61(4):1645-1680.

[91] 王美今,孙建军.中国股市收益、收益波动与投资者情绪[J].经济研究,2004,(10):75-83.

[92] 胡鸿宇.基于网络舆论的投资者情绪对股价影响的实证分析——以东方财富股吧为例[D].上海:上海外国语大学,2017,33-36.

[93] 杨晓兰,沈翰彬,祝宇.本地偏好、投资者情绪与股票收益率:来自网络论坛的经验证据[J].金融研究,2016(12):143-158.

[94] 宋顺林,王彦超.投资者情绪如何影响股票定价?——基于IPO公司的实证研究[J].管理科学学报,2016,19(5):41-55.

[95] 陈其安,雷小燕.货币政策、投资者情绪与中国股票市场波动性:理论与实证[J].中国管理科学,2017,25(11):1-11.

[96] 陆静,周媛.市场情绪、机构投资者情绪和个人投资者情绪对交叉上市股票定价的影响[J].东南大学学报(哲学社会科学版),2018,20(5):80-90;147.

[97] 刘晓秋,肖扬清.投资者情绪对货币政策传导效应的影响[J].湖北科技学院学报,2018,38(6):22-26.

[98] 康海斌,王正军.投资者情绪与货币政策对股市波动影响的实证[J].统计与决策,2019,35(13):174-176.

[99] 周方召,贾少卿.经济政策不确定性、投资者情绪与中国股市波动[J].金融监管研究,2019(8):101-114.

[100] 米雪成.基于TVP-VAR模型的货币政策、投资者情绪和股价动态关系研究[J].市场研究,2020(5):12-16.

[101] 何诚颖,陈锐,薛冰,等.投资者情绪、有限套利与股价异象[J].经济研究,2021,56(1):58-73.

[102] 张博,扈文秀,杨熙安.投资者情绪生成机理的研究[J].中国管理科学,2021,29(1):185-195.

[103] 谢世清,唐思勋.投资者情绪与宏观经济波动对股票市场收益率的影响[J].宏观经济研究,2021(2):99-107.

[104] 姜富伟,胡逸驰,黄楠.央行货币政策报告文本信息、宏观经济与股票市场[J].金融研究,2021(6):95-113.

[105] CECCHETTI S,HANS G,JOHN L.Asset Prices and Central Bank Policy [J].Journal of Macroecmomics,2001,23():315.

[106] BERNANKE B S,GERTLER M.Should Central Banks Respond to Movements in Asset Prices? [J].The American Economist Review,2001,91(2):253-257.

[107] RIGOBON R,SACK B P.Measuring the reaction of monetary policy to the stock market[J].The Quarterly Journal of Economics,2003,118(2):639-669.

[108] CHRISTIANO L,LLUT C,MOTTO R,et al.Monetary Policy and Stock Market Booms[J].Economic Fluctuations and Growth,2011(9):110-133.

[109] ROUBINI N.Why central banks should burst bubbles[J].International Finance,2006,9(1):87-107.

[110] Raghavan M.,Silvapulle P.,Athanasopoulos G.,Malaysian monetary transmission mechanism:Evidence from the pre and post Asian financial crisis periods [C].International Conference on Management Science & Engineering.IMelbourne,Singapore,2011,98-102.

[111] 罗雁.不同资产价格的货币政策对宏观经济影响的实证分析[J].统计与决策,2018,34(10):157-161.

[112] 舒长江,胡援成.宏观流动性、资产价格波动与货币政策新框架选择——基于中国房地产市场的实证分析[J].现代财经(天津财经大学学报),2017,37(8):3-15.

[113] 邓创.中国货币政策应该盯住资产价格吗? [J].南京社会科学,2015(7):33-39;53.

[114] YELLEN J L.The American Economist Policymaking on the FOMC:Transparency and Continuity[R].San Francisco:Federal Reserve Bank of San Francisco Economic Letter,2005.

[115] DURHAM J B.Monetary Policy and Stock Price Returns[J].Financial Analysts Journal,2003,59(4):26-35.

[116] BORIO C.Monetary and financial stability:so close and yet so far? [J].National Institute Economic Review,2005,192(1):84-101.

[117] KOHN D L.Monetary policy and asset prices[R].Frankfurt:Speech at a European Central Bank Colloquium Held in Honor of Issuing,2006.

[118] 李亮.资产价格波动与货币政策应对——基于结构向量自回归模型的实证分

析[J].上海经济研究,2010(4):45-56.

[119] 周双艳.货币政策对资产价格的影响——基于房地产价格和股票价格的实证分析[J].兰州工业学院学报,2018,25(6):84-89.

[120] 来艳峰.货币政策对资产价格影响的时变特征研究[J].金融理论与实践,2018(9):11-16.

[121] Charles Bean,Asset Prices.Monetary Policy and Financial Stability:A Central Banker's View[C].San Diego:the AEA Conference,2004,356-377.

[122] 瞿强.资产价格与货币政策[J].经济研究,2001(7):60-67.

[123] 易纲,王召.货币政策与金融资产价格[J].经济研究,2002(3):13-20;92.

[124] 郭田勇.资产价格、通货膨胀与中国货币政策体系的完善[J].金融研究,2006(10):23-35.

[125] 段进,曾令华,朱静平.货币政策应对股票价格波动的策略研究[J].财经理论与实践,2007(2):52-56.

[126] 连平,徐光林.资产价格应成为货币政策的重要参考因素[J].新金融,2009(10):4-8.

[127] 张斌.发达经济体为什么采取宽松货币政策[J].经济学动态,2020(12):28-39.

[128] BUSS A.Capital Controls and International Financial Stability:A Dynamic General Equilibrium Analysis in Incomplete Markets[J].SSRN Electronic Journal,2013(8):157-159.

[129] NASIR M A, AHMAD M, AHMAD F, et al.Financial and economic stability as two sides of a coin[J].Journal of Financial Economic Policy,2015,7(4):327-353.

[130] HANSEN JAME.Optimal Monetary Policy with Capital and a Financial Accelerator[J].Journal of Economic Dynamics and Control,2018(92):84-102.

[131] Kent C.,Lowe,Asset Price Bubble and Monetary Policy[J].Reserve Bank of Australia Research Discussion,1997(12):218-234.

[132] 郑鸣,倪玉娟.汇率稳定、货币市场均衡与货币政策的独立性[J].山西财经大学学报,2009,31(11):81-88.

[133] GOODHART, HOFMANN, PRICES A.Financial Conductions and the Transmission of Monetary Policy[C].Paper for conference on Asset price, Exchange Rate and Monetary Policy.Palo Aito:Standford University,2001.

［134］ SCHWARTZ A J.Asset price inflation and monetary policy［J］.Atlantic E-conomic Journal,2003,31(1):1-14.

［135］ Gao Qingyun,Asset Price and Inflation Rate in China: Empirical Research Based on VAR Model［C］.Meeting Paper,2009,66-99.

［136］ ZHAO PING, HU. Dynamic Analysis on Asset Price, Inflation and Monetary Policy: Theory and the Practice in China［J］.International Business Research,2010(6):26-33.

［137］ 孙丽,胡爱萍.广义通货膨胀指数的构建——纳入资产价格后的通货膨胀测度［J］.经济论坛,2011(5):36-42.

［138］ 宋玉臣,李洋.突发事件与资本市场系统性风险:制度解释与实证证据［J］.上海经济研究,2021(4):100-113.

［139］ PETER G V.Asset prices and banking distress:A macroeconomic approach［J］.Journal of Financial Stability,2009,5(3):298-319.

［140］ GIORGIO D G, ROTONDI A. Monetary policy,financial stability and interest rate rules ［J］. Journal of Risk Management in Financial Institutions,2011,4(3):229-242.

［141］ STEIN J C.Monetary Policy as Financial Stability Regulation［J］.The Quarterly Journal of Economics,2012(27):57-95.

［142］ Glocker C.,Towbin P.,Reserve Requirements for Price and Financial Stability—When Are They Effective［R］.Working Paper,2012,8(8):65-114.

［143］ ADRIAN T,SHIN H S.Financial intermediaries,financial stability and monetary policy［J］.Staff Reports,2014(346):287-334.

［144］ 刘晓欣,雷霖,靳亚阁.货币供给、房地产价格与金融稳定性——基于 SVAR 模型的实证研究［J］.上海经济研究,2017(7):31-41.

［145］ BEAU D,CLERC L,MOJON B.Macro-prudential policy and the conduct of monetary policy［J］.Occasional papers,2011,234(6):120-141.

［146］ RUBIO M,CARRASCO-GALLEGO J A.Macroprudential and monetary policies: Implications for financial stability and welfare［J］. Journal of Banking ＆Finance,2014(49):326-336.

［147］ GOODHART LUCY M.Brave New World? Macro-prudential policy and the new political economy of the federal reserve［J］.Review of International Political Economy,2015,22(2):280-310.

［148］ SVENSSON L E O.Monetary policy and macroprudential policy: Different and separate? [J].Canadian Journal of Economics,2018,51(3):802-827.

[149] Sergeyev D.,Optimal Macroprudential and Monetary Policy in a Currency Union[C].New York:Society for Economic Dynamics,2016,119-132.

[150] 李斌,吴恒宇.对货币政策和宏观审慎政策双支柱调控框架内在逻辑的思考[J].金融研究,2019(12):1-17.

[151] 周俊杰,易宪容."货币政策+宏观审慎政策"双支柱框架的有效性——基于我国商业银行微观数据的实证研究[J].金融与经济,2019(11):39-47.

[152] FISHER.The Purchasing Power of Money[R].New York:The Macmillan company,1911.

[153] SHIBUYA H.Dynamic Equilibrium Price Index:Asset Price and Inflation [J].Monetary & Economic Studies,2014(10):95-109.

[154] RAY P,CHATTERJEE S.The Role of Asset Price in Indian Inflation in Recent Years:Some Conjectures[J].BIS Papers chapters,2001(8):10-13.

[155] PALLEY T I.Keynesian models of deflation and depression revisited[J]. Journal of Economic Behavior and Organization,2008(2):167-177.

[156] SINGH B,PATTANAIK S.Monetary Policy and Asset Price Interactions in India[J].Journal of Economic Integration,2012,27 (1):167-194.

[157] 王虎,陈峥嵘,冯彩.我国金融资产价格与通货膨胀的关联性检验[J].证券市场导报,2008(3):31-39.

[158] 张建波,白锐锋,王睿.我国资产价格对通货膨胀影响的效果研究[J].江西财经大学学报,2011(2):12-18.

[159] 赵海华.我国货币供给、资产价格与通货膨胀关系的实证分析[J].山东社会科学,2013(5):164-167.

[160] 王宇伟,丁慧,盛天翔.股票收益率与通货膨胀预期的动态影响关系研究——基于 TVP-VAR-SV 模型的实证研究[J].南开经济研究,2018(6):129-148.

[161] 于扬,王维国,王春枝.我国股票价格与通货膨胀关系的实证分析[J].统计与决策,2018,34(7):165-168.

[162] 李雅静.资产价格协同波动对通货膨胀的前导效应研究[J].长春金融高等专科学校学报,2019(3):36-41.

[163] 王玉宝.金融形势指数(FCI)的中国实证[J].上海金融,2005(8):29-32.

[164] 戴国强,张建华.中国金融状况指数对货币政策传导作用研究[J].财经研究,2009(7):52-62.

[165] 高洁超,孟士清.FCI可以作为货币政策的良好指示器吗——基于信息预测

检验与工具变量选择的分析[J].金融监管研究,2014(11):61-77.

[166] 丁华,丁宁.中国金融状况指数构建及其在通胀中的应用[J].现代财经(天津财经大学学报),2018,38(6):45-60.

[167] 凯恩斯.就业、利息和货币通论:重译本[M].北京:商务印书馆,2009.

[168] 马克思.资本论:第1卷[M].北京:人民出版社,2004.

[169] 王国刚.马克思的货币理论及其实践价值[J].金融评论,2019,11(1):1-14;123.

[170] 马克思.资本论:第3卷[M].北京:人民出版社,2004.

[171] 杨天宇,刘国鹏.货币政策传导机制:一个马克思主义的解释[J].政治经济学评论,2008(1):53-63.

[172] 魏埙.马克思劳动价值论的继承与发展[J].当代经济研究,2001(12):3-7.

[173] 刘鸿杰.马克思与萨缪尔森总量货币理论比较与启示[D].内蒙古:内蒙古财经学院,2011.

[174] BORD M,JEANNE O.Monetary Policy and Asset Price:Dose "Benign Neglect" Make Sense? [J].International Finance,2002,5(2):139-164.

[175] WEINTRAUB R E.Congressional supervision of monetary policy[J]. Journal of Monetary Economics,1978,4(2):341-362.

[176] FRIEDMAN M,SCHWARTZ A J.Has Government Any Role in Money? [J].NBER Chapters,1987,17(1):37-6.

[177] BRUNNER K,MELTZER A H.The Federal Reserve's Attachment to the Free Reserve Concept [R].Washington:U.S Government Printing Office,1964.

[178] 黄达.宏观调控与货币供给(修订版)[M].北京:中国人民大学出版社,1997.

[179] 魏巍贤.中国货币供给的外生性研究[J].数量经济技术经济研究,2000(11):52-54..

[180] 崔建军.中国货币政策有效性理论模型及经验实证[J].河北经贸大学学报,2005(01):40-47..

[181] 朱太辉.货币供给的内外生争论迷局[J].金融评论,2013,5(5):12-25;122.

[182] 中国人民银行.《中国金融稳定报告》[Z].2005.

[183] BORDO MD,JEANNE O.Boom-Busts in Asset Prices,Economic Instability,and Monetary Policy[J].National Bureau of Economic Research,2002(2):22-28.

[184] 王虎,王宇伟,范从来.股票价格具有货币政策指示器功能吗——来自中国1997~2006年的经验证据[J].金融研究,2008(6):94-108.

[185] 第八届全国人民代表大会.中华人民共和国中国人民银行法[Z].2003-12-27.

[186] 冯雷,马谌宸.我国货币政策对房地产价格调控的省际差异化效应分析[J]. 西安交通大学学报(哲学社会科学版),2016,36(4):30-36.

[187] 何德旭,苗文龙.财政分权是否影响金融分权——基于省际分权数据空间效应的比较分析[J].经济研究,2016,51(2):42-55.

[188] 钟凯,孙昌玲,王永妍,等.资本市场对外开放与股价异质性波动——来自"沪港通"的经验证据[J].2018(7):174-192.

[189] 尹海员.投资者情绪对股票流动性影响效应与机理研究[J].厦门大学学报(哲学社会科学版),2017(4):102-113.

[190] 中国人民银行.宏观审慎政策指引(试行)[Z].2022-01-01.

[191] BARRO R J.Economic Growth in a Cross Section ofCountries[J]. The Quarterly Journal of Economics,1991,106(2):407-443.

[192] GRILICHES Z.Productivity,R&D and Basic Research atthe Firm Level in the 1970s [J].American Economic Review,1986(76).

[193] 牛晓耕,曹楠楠,白仲夏.教育财政投入与经济增长关系的实证检验——以河北省为例[J].中小企业管理与科技(中旬刊),2014(17):167-168.

[194] 杨继瑞.论知识技术在价值形成过程中的功能[J].经济学动态,2001(7):36-37.

[195] 吴易风.坚持和发展劳动价值论[J].当代经济研究,2001(10):12-23;73.

[196] 沈利平.对知识、经营管理和科学技术是否创造价值的思考[J].中共伊犁州委党校学报,2001(4):17-18.

[197] 谷书堂.求解价值总量之"谜"两条思路的比较[J].南开学报,2002(1):6-8.

[198] 刘诗白.论科技创新劳动[J].经济学家,2001(3):4-14.

[199] 赵振华.当代劳动新特点[J].科学社会主义,2003(1):22-24.

[200] 周英章,孙崎岖.我国教育投入对实际经济增长的贡献实证分析[J].中国软科学,2002(7):39-41.

[201] 覃思乾.中国教育投入与经济增长[J].统计与决策,2006(16):96-98.

[202] 邓媛,李瑞光.基于 VAR 模型实证分析云南省教育投入与经济增长的关系[J].技术经济与管理研究,2009,165(4):18-20;30.

[203] 李兴江,高亚存.甘肃省财政教育投入与经济增长关系的实证分析[J].财会研究,2012(3):12-16.